U0073170

從一國歷史
預視世界
的動向

俄羅斯，難以琢磨

極簡 俄羅斯史

關真興
Seki Shinkoh

楓樹林

前言

神祕大國俄羅斯

一翻開世界地圖，任誰都會驚訝俄羅斯竟如此幅員廣大——西與波蘭和烏克蘭的國境接壤，東至與美利堅合眾國交界的的白令海峽。其疆域之廣，世界之最。在北方永久結凍的凍原，曾出土過猛獁象的骨骼、化石，甚至冷凍標本。俄羅斯南方與中國、蒙古、哈薩克等國接壤，邊境也與隔海的日本相望。

本書專為想知道「俄羅斯是什麼國家」的讀者，以淺顯易懂的方式介紹俄羅斯的歷史。像是俄羅斯瞬息萬變的領土範圍、歷代統治國家的俄羅斯沙皇的功過、由多個大國集結而成的蘇聯（蘇維埃社會主義共和國聯盟）從成立到解體的過程，所有重大事件都會詳盡解說。

但願本書能夠帶領大家深入了解俄羅斯的規模、帝國政治與獨裁的歷史。

關眞興

歷史冷知識！

俄羅斯的4大祕密

這些意想不到的史實，就要介紹給初次接觸俄羅斯史的你！

Secret 1

「雷帝」這個稱呼其實飽含負面意義！

俄羅斯的第一代沙皇伊凡四世，人稱「伊凡雷帝」，但這個稱呼其實是源自於他仗著權勢實行集權統治，並不是讚揚的意思。

→詳情參照 39頁

Secret 2

居然有皇帝要對全國的鬍子課稅？

彼得大帝鼓勵民眾剃除象徵舊時俄羅斯時代的長鬍子，作為近代化政策之一，蓄鬍者一律需要繳納「鬍子稅」。

→詳情參照 60頁

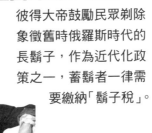

Secret 3

在第二次世界大戰中史達林失算了？

第二次世界大戰期間，德國進攻蘇聯之際，史達林始終相信德國會遵守他們之間簽署的條約而不以為意，直到開戰兩小時前才終於醒悟，下達指令。

我沒想到
德國真的會
攻過來啊…

→詳情參照 150 頁

Secret 4

俄羅斯的第一家麥當勞居然盛況空前！

俄羅斯的第一家麥當勞據點就位在莫斯科，開幕首日就有三萬人蜂擁而至，隊伍綿延長達數公里。甚至還因為場面太過混亂，而出動警察維護秩序。

Макдоналдс

→詳情參照 184 頁

接下來，我們就來探索俄羅斯史吧！

目錄

chapter 3 羅曼諾夫王朝的成立

chapter 4 十九世紀的俄羅斯

chapter 5 帝國主義與大戰

chapter 6 俄國革命

chapter 8

現代俄羅斯

祕密專欄

〈克里姆林宮〉

位於俄羅斯首都莫斯科的宮殿建築群。1990年，宮殿和位於中心的廣場「紅場」一同列入世界文化遺產。圖為斯巴斯克塔，是克里姆林宮的主要入口。

圖片來源：維基百科，jimmyweee提供。

序章

遼闊的大地與俄羅斯人的起源

俄羅斯的國土過於廣闊，總讓人覺得很難掌握其大致的輪廓。俄羅斯的疆域大歸大，但幾乎都位於北緯五十度以上，比日本的北海道還要更偏北。北緯六十六度三十三分線以北的地區稱作北極圈，這裡的冰凍大地即使在夏季也不會融化。

首先來介紹一下俄羅斯有哪些作為地標的河川和地名。俄羅斯全土偏西部有南北向的烏拉山脈，這裡是亞洲和歐洲的分界。後續要介紹的俄羅斯中世紀歷史，主要是以這座山脈以西的地區為舞臺。俄羅斯人居住的地區布滿了森林和草原，他們在這裡打獵、製造蜂蜜，另外還會開闢森林、從事火耕農業和畜牧，在河川和湖泊捕魚。

在這片俄羅斯大地上，並沒有像珠穆朗瑪峰這種特別高聳的山峰。俄羅斯人利用境內幾條南北向的大河，逐漸開拓出南北與東西向的道路。

連結首都莫斯科和遠東符拉迪沃斯托克的西伯利亞鐵路，長度約九千三百公里（為日本北海道函館到九州鹿兒島的新幹線長度的三倍以上），特快車需要花上一週的時間才能走完這段路程。順便一提，莫斯科位於北緯五十五度附近，冬季早晨要到九點才會天亮，傍晚四點天色就開始昏暗。而位於北緯六十度的符拉迪沃斯托克，夏季則是永晝。

現代的俄羅斯人，都將流入世界最大湖泊——位於裏海的窩瓦河，親暱地稱作「母親河」。其上游的支流莫斯科河，流經首都莫斯科。莫斯科是在十五世紀末至十六世紀初，才成為俄羅斯的中心。

裏海的西邊，有連接地中海的黑海，這裡也位於亞洲和歐洲的中間，有許多河川流入。

歐洲最著名的河川，就是流經奧地利維也納的多瑙河，但是對俄羅斯最重要的河川卻是聶伯河。聶伯河的中游有烏克蘭的首都基輔。這座城市在過去曾是俄羅斯的發展中心。

俄羅斯西北部最重要的城市，就是位於波羅的海深處（芬蘭灣）東側內陸的大諾夫哥羅德。

原本在大自然中恬靜生活的俄羅斯人，到了九至十世紀左右開始有了動靜。諾

■ 首都
● 都市名
▲ 山
— 河

總面積　約1712萬平方公里
總人口　1億4680萬人
莫斯科人口　1267萬8079人

※資料引用自日本外務省網站（來源：俄羅斯聯邦國家統計局）

	最低氣溫	最高氣溫
莫斯科	-12.3℃	19.9℃
符拉迪沃斯托克	-6.7℃	19.2℃

※根據2020年全球統計

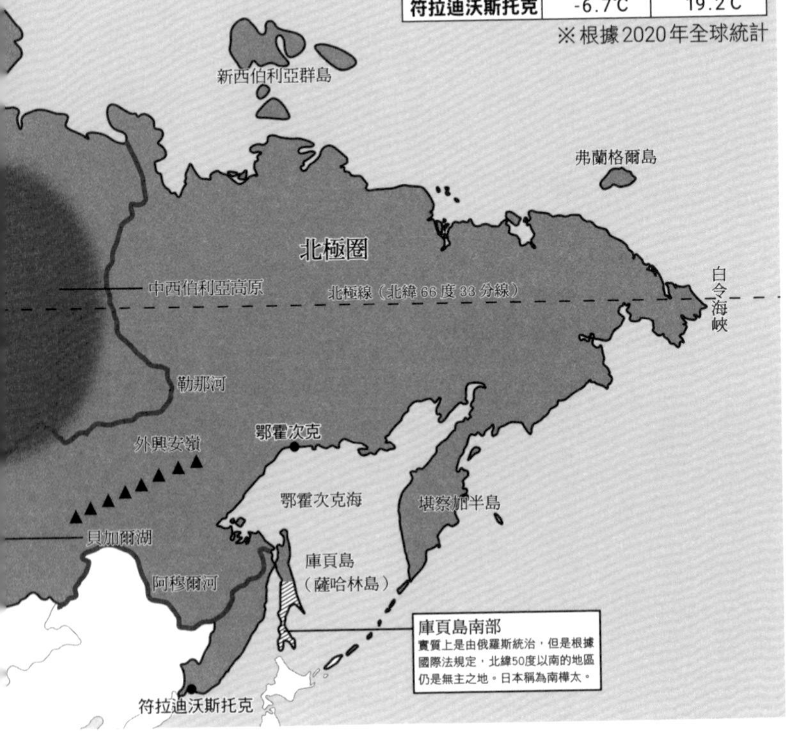

俄羅斯的疆域

法蘭士約瑟夫地群島
北地群島
北極海
新地島
巴倫支海
白海
葉尼塞河
鄂畢河
烏拉山脈
聖彼得堡
沃洛格達
波羅的海
大諾夫哥羅德
雅羅斯拉夫爾
下諾夫哥羅德
葉卡捷琳堡
莫斯科
聶伯河
喀山
梁贊
加里寧格勒
窩瓦河
基輔
克里米亞半島
於2014年併入俄羅斯，但烏克蘭、美國和日本等國家皆不承認。
頓河
阿斯特拉罕
黑海
裏海
高加索山脈

曼人（日耳曼民族）從斯堪地那維亞半島南下，以大諾夫哥羅德為據點，經由聶伯河與東羅馬帝國展開貿易往來。俄羅斯人也參與了毛皮、蜂蜜，以及奴隸的交易買賣；統治者也期望能將金銀、馬匹和絲織品引進俄羅斯。

雖然俄羅斯境內沒有嚴峻的山地，多半是平坦的森林和平原，可是氣候寒冷，難以生產穀物，始終是俄羅斯經濟發展的致命傷。不過近年來，石油和天然氣的開發日漸興盛，使俄羅斯成為資源大國。俄羅斯語中稱呼大地為「大地母親」，他們相信這片廣闊的大地，將會賜予俄羅斯人更美好的未來。

所謂的俄羅斯人，其實是自西元前一世紀左右存續至今、以東歐為主要分布地區的斯拉夫民族的一支。根據羅馬歷史學家塔西佗（Tacitus）的紀錄，該民族還包含了烏克蘭人、塞爾維亞人、保加利亞人等等。

那麼，我們就來追溯俄羅斯人的起源吧。

chapter 1

基輔羅斯

建國前的混沌時期

世界史課本裡，都會提到「在四世紀，匈人跨越多瑙河、開始入侵羅馬帝國，造成日耳曼人大遷徙」。在這場日耳曼人大遷徙逐漸平息的七世紀左右，斯拉夫人開始遷往西、南、東方，慢慢拓展居住地區。

另一方面，八至十一世紀，丹麥和瑞典的日耳曼人從波羅的海紛紛遷移北海，甚至還遷徙到地中海一帶。

他們遷徙的目的除了貿易以外，也是因為人口增加而需要新的居所，以及確保糧食的來源。原本住在日耳曼人遷居地的人，將移入掠奪的日耳曼人稱作「瓦良格人」（維京人的其中一支，古斯拉夫語為 Варягъ，複數形態為 Варяғы），唯恐避之不及。

一部分日耳曼人也遷移到了俄羅斯境內，距離現在俄羅斯第二大城聖彼得堡約一百五十公里的內陸城市大諾夫哥羅德，正是他們的據點。日耳曼人從這個據點一路南下，沿著聶伯河，經過基輔、渡過黑海，最後抵達東羅馬帝國的首都君士坦丁堡。

日耳曼人這條遷徙路線，就稱作「從瓦良格人到希臘人之路」。西元九至十一世紀的歐洲，到處都充斥著日耳曼人。

連接大諾夫哥羅德和基輔的通道，東西兩方都居住著現代俄羅斯人的祖先。在日耳曼人開始四處遷移的過程中，他們分成了好幾個部落，直到這些散落各處的部落統一建立俄羅斯這個國家之前，還需要一些時間。

日耳曼人遷入俄羅斯

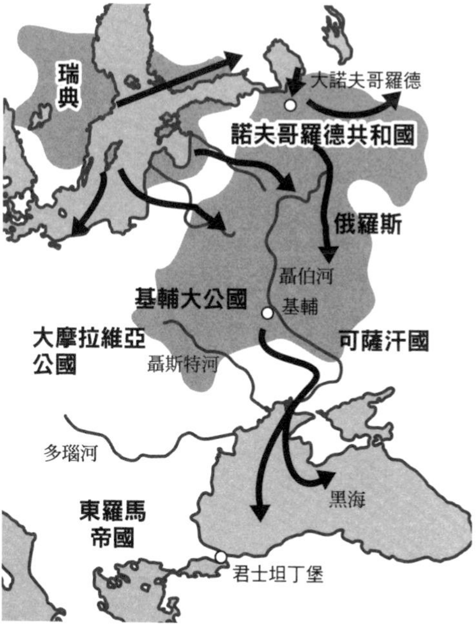

順便一提，俄羅斯與其他斯拉夫語系國家所使用的西里爾字

母，誕生於西元九〇〇年左右。這個文字是改良自於大摩拉維亞公國（位於現在捷克東部與斯洛伐克一帶）布教的基督教傳教士基里爾（Кѷриллъ）和美多德（Меѳодій）發明的文字。斯拉夫語在十世紀到十一世紀期間，普及於斯拉夫語圈的東部（現在的烏克蘭、白俄羅斯、俄羅斯聯邦西部）。

妻子的反擊！

散布於俄羅斯的小部落長年為了土地而爭戰不休，到了九世紀以後，人們漸漸開始渴望有個能夠穩定社會的人物出現。於是，俄羅斯人共同推舉了日耳曼人留里克（Рюрикъ）作為領袖；而留里克也不負眾望，成功率領部落統一了大諾夫哥羅德地區。

留里克死前，將兒子伊戈爾（Игорь）託孤給奧列格（Олег Вещий）。奧列格從大諾夫哥羅德南下占領了基輔，並在這個新據點建立了名為「基輔羅斯」的國家。由於這個國家世世代代皆由留里克的後代統治，所以又稱作留里克王朝。

基輔羅斯的第一代大公伊戈爾，親自走訪周邊的斯拉夫語系小國，要求這些國家納稅。徵收到的毛皮、蜂蠟與蜂蜜，皆用來與東羅馬帝國和伊斯蘭文化圈進行貿易，這是基輔羅斯的重要財政收入。

然而在西元九四五年，伊戈爾與其他部落交戰時遭到暗殺而身亡。他的妻子奧爾加（Ольга）下令進攻殺害伊戈爾的部落，屠殺每一個居民。奧爾加此舉鞏固了她日後在基輔羅斯的統治地位。

後來，奧爾加為了加強友好的外交關係，不僅拜訪了東羅馬帝國，還派遣使者訪問東法蘭克王國的鄂圖大帝（Otto I），企圖與西歐世界建交。奧爾加費心拓展外交，同時也逐漸推行改革，確立了納稅制度。

然而奧爾加的兒子斯維亞托斯拉夫（Святосла́в

當時的日本

西元939年（天慶2年），平將門背叛朝廷，舉兵謀反，占領關東一帶後便自立為新皇。但是這場亂事不到兩個月就遭到藤原秀鄉、平貞盛鎮壓。將門的首級被送往京城，曝曬示眾。

Игоревич）的作風卻是與母親形成強烈的對比，他致力於擴張領土。第一個目標，就是位於基輔羅斯東南方的遊牧民族國家可薩汗國。這個國家掌握了以流經裏海和黑海之間的頓河為中心的貿易路線，經濟繁榮發展。

斯維亞托斯拉夫與可薩汗國交戰，占領其西部的土地，接著又徹底掌控了從大諾夫哥羅德經過基輔到黑海的瓦良格人之路。

後來，斯維亞托斯拉夫得知多瑙河下游城市別列雅斯拉維茨（Переяславец，位於現在的保加利亞），集結了東西兩方的物資，希望能夠遷居該地，但因為下屬反對而未果。

儘管如此，基輔羅斯的領土仍持續向外擴張。

基督信仰傳入

西元九七一年，斯維亞托斯拉夫與東羅馬帝國為爭奪保加利亞地區而開戰，結果在返國途中遭到黑海北岸的佩切涅格人襲擊，不幸陣亡。斯維亞托斯拉夫膝下

留里克王朝的家譜

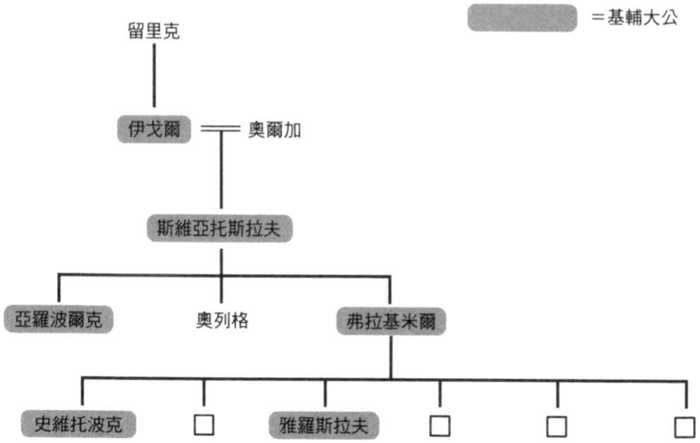

三個兒子就此展開繼承權的爭奪。

繼任為基輔大公的長男亞羅波爾克（Яропóлк Святослáвич），殺害了次男奧列格（Олег Святославич）。統治大諾夫哥羅德領地的三男弗拉基米爾（Влади́мир Святослáвич）感覺自己隨時面臨生命威脅，便投靠斯堪地那維亞的日耳曼人以尋求援助，暫時逃離俄羅斯。

弗拉基米爾有日耳曼人作為後盾，重振態勢後隨即返回俄羅斯，召集所有反亞羅波爾克的勢力，進軍基輔。他殺死了亞羅波爾克在戰爭期間派來交涉的部下，這場兄弟之爭顯然已成定局。弗拉基米爾攻抵基輔周邊，在九七八年登上基輔大公的寶座，大幅拓展了領土。

九八五年，東羅馬帝國的將軍在巴爾幹半島發起了叛亂。

弗拉基米爾接到東羅馬皇帝巴西爾二世（Basileios II）求援。渴望向西方擴張勢力的弗拉基米爾提出迎娶巴西爾二世的妹妹作為條件，在九八七年派出援軍，成功平息了這場叛亂。

西元九九〇年，弗拉基米爾改宗基督教，並且與巴西爾二世的妹妹安娜（Anna Porphyrogenita）成婚。於是，基輔羅斯和東羅馬帝國締結了姻親關係。

在此之前，俄羅斯仍處於傳統農耕社會，人民對大地懷抱著純樸的信仰。弗拉

基米爾以婚姻為契機引進了基督信仰，使俄羅斯從此納入基督教文化圈。但是，這裡的基督教不同於西歐的羅馬天主教，信徒對於教義的爭論早已結束，比較重視在修道院安靜沉思（冥想），以及在聖像與聖者畫作（聖像畫）前的儀式，與西歐的基督信仰大不相同。

西元一〇一五年，弗拉基米爾去世後，又再度發生了繼承權之爭。最終勝出的雅羅斯拉夫（Ярослав I Владимирович Мудрый），在日耳曼人的幫助下制定了俄羅斯最早的法典《羅斯法典》（Русская Правда），將過去根據傳統形塑而成的習俗做法全部明文化。

與此同時，雅羅斯拉夫還與波蘭開戰，擴張領土；另一方面也與南方的遊牧民族作戰，並趁勢進攻東羅馬帝國，但以失敗告終。

雅羅斯拉夫不同於父親弗拉基米爾，他和西歐各國建立了密切的關係。他安排次男與波蘭國王的妹妹聯姻，妹妹嫁給波蘭國王，幾個女兒分別嫁入了法國、匈牙利和挪威王室，雅羅斯拉夫本身也迎娶了瑞典國王的女兒。

在雅羅斯拉夫的統治下，基輔羅斯迎向了全盛時期。

逐漸衰退的基輔羅斯

雅羅斯拉夫死後，留里克家族的兄弟和親戚因為基輔大公的繼承問題引發嚴重的對立。這場混亂持續超過半個世紀，也導致基輔羅斯開始衰落。

一直到十二世紀初，雅羅斯拉夫的孫子弗拉基米爾・莫諾馬赫（Владимир Мономах）雖然曾短暫地重建體制，但大公的權威仍一路下墜。

其中一個原因，就是十字軍東征和蒙古人來襲，南北交通不再熱絡，使得通往基輔的瓦良格人之路因此日漸荒廢。

自七世紀伊斯蘭教興起以後，羅馬教宗號召群眾組成十字軍，從十一世紀末開始發起東征，企圖奪回遭到穆斯林占領的基督教聖地耶路撒冷。

十三世紀，基輔羅斯因為蒙古軍占領首都基輔，加上國內稅收減少，於是國力逐漸衰弱。

原先在基輔大公統治之下，各個勢力堅強的「公國」此時開始紛紛自立門戶，直接繼承原本分封的領地。雖然時代不同，不過這個發展就像是日本室町時代的足利將軍在失去權威之際，各地的守護大名勢力逐漸壯大一樣。

這些公國當中，又以位於東北部的伏拉迪米爾－蘇茲達爾大公國，以及西南部的加利西亞－沃里尼亞王國最具代表性。他們將通商樞紐城市納入自己的統治範圍內，藉此強化公國的勢力。另外，諾夫哥羅德公國（後世又稱諾夫哥羅德共和國）則是透過波羅的海，向外拓展經商貿易，使得經濟實力日漸茁壯。

諾夫哥羅德由於境內許多城市最初是由日耳曼人建設，他們承襲了日耳曼人的制度與文化，開始採取共和制（沒有國王之類的領袖，而是由多人協商決議的政治體制）。西歐的商人為了獲得毛皮而前來貿易，公國的經濟才得以大幅發展。

當時的日本

成吉思汗統一蒙古高原之際，日本的鎌倉幕府已經成立。在蒙古帝國席卷歐洲的1241年（仁治2年）左右，日本的生活還十分和平，可是大約30年後，蒙古帝國也舉兵進攻了日本，引發元日戰爭（文永、弘安之役）。

韃靼的統治（13世紀左右）

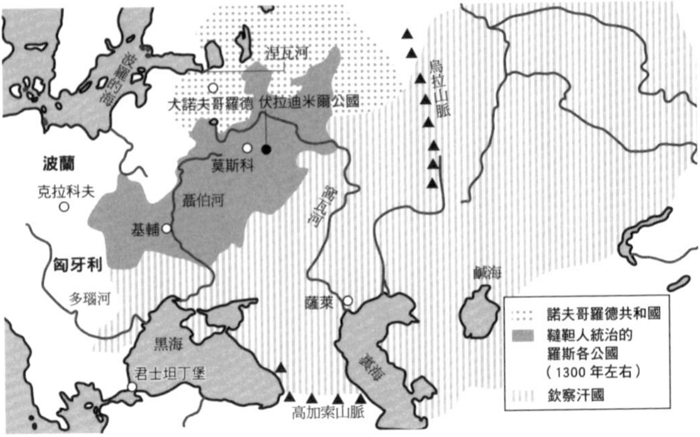

蒙古治下的韃靼桎梏

基輔大公的權力一衰退，生活在基輔羅斯周邊的遊牧民族便開始活躍了起來。

十三世紀初，成吉思汗統一蒙古高原、建立蒙古帝國。蒙古人一路往西拓展勢力，最終入侵了東歐。

基輔和其他當時的俄羅斯各大城市都損害慘重，也失去了領土。但蒙古軍在打敗波蘭和匈牙利後，卻放棄繼續往西進攻。

西元一二四一年，蒙古帝國的可汗（皇帝）窩闊台去世後，蒙古軍便終止了西征的腳步，從東歐撤軍。

然而，蒙古人仍以窩瓦河下游的薩萊為據點，建立了欽察汗國，向俄羅斯人的各個公國徵收稅金。俄羅斯人將蒙古這個強制的統治手段稱作「韃靼桎梏」。

飽受蒙古人欺壓的俄羅斯人，後來又面臨了更悲慘的苦難。那就是德國的條頓騎士團攻進了俄羅斯。

條頓騎士團是由篤信羅馬天主教的騎士組成的軍隊。而當時俄羅斯人信仰的基督教，是屬於另一個名為「正教會」的宗派。

弗拉基米爾崇信基督教時，曾與西歐的羅馬天主教發生衝突，彼此結下仇恨，這也導致日後條頓騎士團的來襲。在東西夾擊的情勢下，危機四伏的俄羅斯出現一名英雄，他就是亞歷山大・涅夫斯基（Александр Невский）。

英雄涅夫斯基

十三世紀中葉，諾夫哥羅德大公亞歷山大統治了伏拉迪米爾公國，向基輔羅斯大公宣稱「吾乃伕拉迪米爾大公」，藉此誇耀自己的勢力。這股自信源自於他逐漸累積的龐大政治和軍事力量。

亞歷山大妥善地應對近在咫尺的東西強敵。他答應東方的欽察汗國絕不反抗，並多次造訪欽察汗國的首都薩萊，保障了東邊的安寧，成功累積國力。

但是亞歷山大對於西方的態度卻是十分強硬，憑著自己卓越的軍事才華，抗戰到底。

一二四〇年，亞歷山大在涅

瓦河擊敗了企圖從波羅的海進攻大諾夫哥羅德的瑞典軍。當時的他，還被俄羅斯人頌讚為亞歷山大・涅夫斯基（稱號意即「涅瓦河的亞歷山大」）。

兩年後的一二四二年，亞歷山大於現今愛沙尼亞邊境附近的結冰的楚德湖上，擊敗了繼瑞典之後來襲的條頓騎士團（冰湖戰役）。

為何亞歷山大對蒙古人俯首稱臣，卻激烈反抗條頓騎士團呢？這是因為只要向前者繳納稅金，就可以保留領土完整；然而後者的目的不只是奪占領土，還想傳播天主教義。

亞歷山大為了穩定國家，只在必要的時候出兵，這種出於現實考量的戰略，深受日後的俄羅斯人讚賞。

然而，在他去世以後，伏拉迪米爾公國中有力的諸公國卻不再聽從諾夫哥羅德公國的命令，其中的莫斯科公國和特維爾公國便逐漸崛起。

耐人尋味的俄羅斯偉人❶

俄羅斯字母的創造者

基里爾

Kyrillos (Kōnstantinos)

（826 or 827 ～ 869）

為傳布教義而發明字母的天才修士

基里爾出生於東羅馬帝國統治時期的希臘，從小就被譽為天才。他在君士坦丁堡大學教授哲學，被冠以「φιλόσοφος」(philosopher，哲人）的美稱廣為人知。

基里爾後來與哥哥美多德一同派遣至大摩拉維亞公國，他們配合居於當地的斯拉夫人發音，發明「斯拉夫文字」(格拉哥里字母)，並且用這套字母翻譯了一部分聖經和禮拜儀式用語，藉此傳播基督教義，因而有「斯拉夫人的傳教士」之稱。然而，基里爾的傳教仍以失敗告終，最後在旅行羅馬時逝世於當地。

一直到西元900年左右的保加利亞，基里爾和美多德的學生以格拉哥里字母為基礎，進一步發明了「西里爾字母」。這就是現在俄羅斯文的雛型。順便一提，西里爾（Кирилли́ческий）一名，就是基里爾這個名字的俄羅斯語發音。

chapter 2

莫斯科大公國

在蒙古統治之下

繼基輔大公國之後，由伏拉迪米爾大公國統治中世紀的俄羅斯。可是到了十四世紀卻發生了一個大問題——那就是大公國內的各個分封的小公國，不再願意聽從大公的命令。

取代權力日漸衰弱的大公、聲勢逐漸茁壯的，是位於東北部的特維爾公國以及莫斯科公國。兩個公國都位於從大諾夫哥羅德往窩瓦河的重要地點，由於位在肥沃的農耕地帶，所以稅收也特別多。

不過，當時的俄羅斯依然受到欽察汗國的蒙古人統治。俄羅斯人從蒙古身上學到許多制度與技術，像是奠基於官僚體制的政治體系、徵稅的機制，以及交通網絡的整修方法等等。

西元一三一八年，特維爾公國和莫斯科公國為爭奪伏拉迪米爾的「大公」地位雙方一觸即發，最後由莫斯科公國摘下勝利的果實。

此後，莫斯科公國仍繼續與特維爾公國交戰，直到一三二七年成為莫斯科大公國，才終於鞏固了它在俄羅斯的地位。

西元一三八〇年，莫斯科大公迪米崔・頓斯科伊（Дмитрий Иванович），在庫里科沃之戰打敗了欽察汗國。

但是，俄羅斯並沒有因此脫離蒙古獨立，往後的一百年間，欽察汗國仍然持續統治著俄羅斯土地。

在這段期間，莫斯科大公國內部為爭奪最高領袖伏拉迪米爾大公的寶座，一族不斷發生權力鬥爭，這場混亂也使得國內經濟活動低靡。

「俄羅斯」的原點

西元一四六〇年代到一四八〇年代，迪米崔・頓斯科伊的曾孫伊凡三世（Иван III），將包含曾是

當時的日本

1472年（文明4年），日本正處於應仁之亂。發生於1467年（應仁2年）的這場亂事，將京都燒成一片廢墟。1473年（文明5年），西軍的統帥山名宗全和東軍的統帥細川勝元相繼去世。這場戰亂終於展露談和的一線希望，然而過程並不順利。

莫斯科大公國的領土（15世紀）

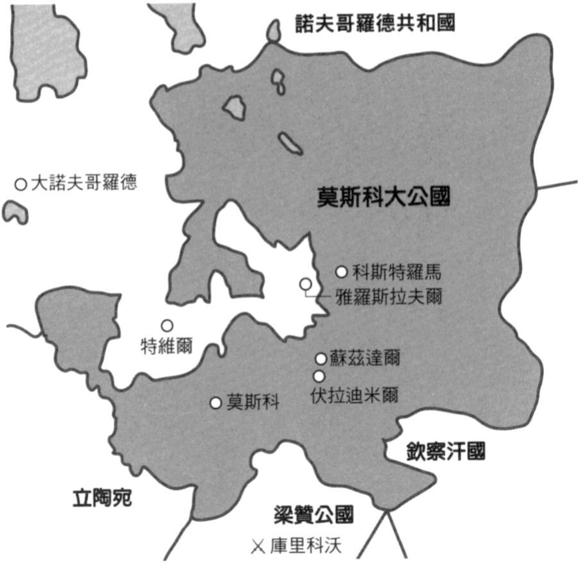

最強敵對勢力的諾夫哥羅德共和國在內的基輔羅斯北部一帶，都併入了莫斯科大公國版圖之下，終於平息了這場內亂。以這起事件為分界，羅斯此後開始稱作「俄羅斯」。

俄羅斯這個名稱的由來還有另一個說法，就是斯拉夫人和諾曼人逐漸同化，土地名稱因此從「羅斯」（Русь）變成以希臘語轉寫拼成的「羅斯亞」（Rosía），後來才又變成

「俄羅斯」（Россия）。

這個說法目前仍有爭議，尚未有明確的結論。總而言之，俄羅斯一名的根源還不得而知。

西元一四七二年，伊凡三世與末代東羅馬皇帝的姪女佐伊（Ζωή）結婚，這場婚姻讓莫斯科有了「第三羅馬」之稱。

身為天主教之首的羅馬教宗，期望天主教信仰可以在俄羅斯普及，但是俄羅斯人卻十分反感波蘭人和立陶宛人信仰天主教。

最終，天主教未能傳播給當時的俄羅斯和周邊居民，而莫斯科也並不認為自己是繼羅馬、君士坦丁堡之後的大城市。

逐漸壯大權力的伊凡三世，結束了與蒙古的戰爭以後，又與崛起成為強國的立陶宛交戰，並且併吞其領土。

在這些戰役連綿不絕展開的同時，伊凡三世頒布新法典，確立了官僚式的政治體系。與此同時，他還與神聖羅馬帝國、羅馬教廷、匈牙利、奧斯曼帝國、伊朗等周邊各國建立友好的外交關係，穩定了政權。

在伊凡三世以後，莫斯科大公的繼承者開始沿用「沙皇」這個頭銜。這個詞的意思即是「俄羅斯的君主」，也是將古羅馬時代的皇帝頭銜凱撒（Cæsar），改以俄羅斯語發音後的稱謂。使用沙皇一名，代表身為莫斯科大公的他，地位就等同於古羅馬的掌權者。

然而，到了伊凡三世晚年，其兒子迪米崔（Дмитрий Иванович Жилка）和異母弟瓦西里（Васили）發生衝突，甚至進一步演變成牽扯到國內有力貴族和教會內部對立的繼承者鬥爭。

內鬥的最後，瓦西里成了贏家，即位成為新任沙皇。瓦西里三世繼承了哥哥的政治方針，成功壓制反對勢力。

名為雷帝的男人

到了十六世紀，莫斯科大公國的政權內部出現了矛盾。莫斯科宮廷分成支持沙皇的勢力，以及反對沙皇的權貴。西元一五三三年，伊凡三世的孫子伊凡四世即位，但由於他當時只是個三歲的幼兒，因此是由母親葉連娜（Елéнa）攝政（代替君主處理國政）。然而有力人士為了利用年幼沙皇的權限而親近沙皇，導致政治亂象不斷。

西元一五四七年，成年的伊凡四世開始正式使用沙皇的稱號，加上母方外戚的輔佐，使伊凡四世坐擁極大的權威。

伊凡四世所頒布政策當中，最值得注目的是特轄區制。這個政策起因於他得知有人密謀趁他生病臥床之際奪取沙皇的權位。

伊凡四世沒收所有參與陰謀的貴族封地，全數收歸國有，並重新分封給宣誓效忠的勢力。他也任命會對自己唯命是從的人擔任主要官員，藉此強化軍隊。

由於伊凡四世實行這種集權統治，人民才會稱他為「雷帝」。

本應死亡的迪米崔

伊凡四世在西元一五八四年去世後，不滿其獨裁政策的官員開始忽視沙皇的命令，導致俄羅斯再度陷入一片混亂。

伊凡四世膝下才能傑出而備受期待的長子伊凡（Ивáн Иванович），因為婚姻問題和對外關係，長年與父親交惡，最後遭父親一氣之下失手殺死，只好改由弟弟費奧多爾（Фёдор）繼任為沙皇。

但是費奧多爾體弱多病，無心朝政，因此由大舅子（妻子的兄長）鮑里斯・戈東諾夫（Борис Федорович Годунов）掌握政治實權。伊凡四世第三個兒子迪米崔離奇死亡，所以再沒有其他繼承人選。

當時的日本

1598年（慶長3年），豐臣秀吉去世後，德川家康率領的東軍，和以石田三成為首的反德川勢力西軍，在1600年（慶長5年）開戰，史稱「關原之戰」。由於後來由家康一統天下，所以又稱作「決定天下之戰」。

西元一五九七年，費奧多爾去世後，留里克家族的血脈徹底斷絕。翌年，由鮑里斯・戈東諾夫繼任為沙皇。

戈東諾夫效仿伊凡四世，試圖實行獨裁政治。一五九五年，他在波羅的海打敗瑞典軍隊，成功收復了自伊凡四世在立窩尼亞戰爭敗給波蘭以來所失去的領土。

可是在西元一六〇〇年左右，俄羅斯卻發生了大飢荒。飢餓難耐的農民發起暴動，貴族也對不具備王室血統的戈東諾夫愈發不滿。

正當莫斯科朝廷持續混沌的一六〇二年，波蘭境內忽然出現了一名人物，自稱是早已死亡的伊凡四世么子迪米崔。而波蘭國王正企圖利用這位迪米崔來奪取俄羅斯的領土。

西元一六〇四年，迪米崔率領的波蘭軍進攻俄羅斯，俄羅斯的貴族和農民紛紛相信「本尊現身了」；翌年，迪米崔攻進莫斯科，成為沙皇，但是在一六〇六年的反波蘭起義時卻輕易遭到殺害。

這一連串的事件，讓俄羅斯各地的貴族得以獨立割據，沙皇的權威終於徹底地墜落谷底。

秘密專欄

俄羅斯料理的傳統與歷史

融合西伯利亞和中亞料理的精華

提到俄羅斯菜，最著名的就是羅宋湯和皮羅什基了。雖然做法有地區差異，不過一般的俄羅斯全餐，會依序上Закуска（自助式的開胃前菜）、湯、主食、甜點。羅宋湯是用高麗菜煮成的燉菜，並添加番茄和甜菜根煮成紅色。用奶油炒香蘑菇和牛肉後加入葡萄酒燉煮、再淋上酸奶的俄羅斯燉牛肉也很受歡迎。油炸的鹹餡餅皮羅什基也十分普遍。

追溯俄羅斯料理的歷史，可以知道有裸麥黑麵包、穀麥粥、用澱粉做的凍狀水果甜點基塞爾等等。在十六世紀下半葉，鱘魚卵（魚子醬）開始正式入菜。

至於飲料方面，俄羅斯人常喝黑麥和麥芽發酵製成的微碳酸飲料克瓦斯、蜂蜜酒、啤酒，後來伏特加也很受歡迎。

十七世紀開始有文獻記錄宮廷的菜色。沙皇平日的正餐有七十道菜，每一道菜都只是淺嘗一口便端走，賞賜給近侍貴族。

十八世紀以後，隨著近代化發展，俄羅斯引進了法國料理。俄羅斯貴族更會聘請法國廚師，享用異國佳餚；另一方面，農民出身的商人則是將傳統的飲食習慣變得更加精緻高雅，同時也融合了當時仍在俄羅斯勢力範圍內的西伯利亞和中亞料理。這些後來都發展成現代的俄羅斯料理。

日本在俄國革命後，長崎和神戶等城市開始出現了俄羅斯餐廳，不過日本人真正熟悉俄羅斯菜，要一直到第二次世界大戰以後。

有「錢袋」之稱的大腕政治家

伊凡一世

Ivan Kalita

（??? ～ 1340）

憑藉財力於莫斯科拓展勢力的策略家

伊凡一世的財富雄厚，是足以稱作「伊凡・卡利塔」（為「錢袋」之意）的精明政治家。

伊凡一世的父親，正是開創莫斯科大公國的丹尼爾（Даниил Александрович），而他本身也在1325～1340年繼承莫斯科大公的頭銜。俄羅斯在欽察汗國的間接統治下，於1327年爆發殺害欽察汗使節的事件。伊凡一世派兵隨著五萬汗軍一同鎮壓，於是獲得賜封的弗拉基米爾大公稱號。

之後，伊凡一世在正教會希臘都主教的支持下，促進商業經濟繁榮、鼓勵移民遷入，並收買周邊各國。國內治安良好，伊凡一世卓越的施政能力也令莫斯科公國成為俄羅斯的中心。

他是憑藉財力而非武力，靠著謀略討好欽察汗國，因此也曾經被人批評為「韃靼的奴隸頭子」。

chapter 3

羅曼諾夫王朝的成立

年輕沙皇只是一介凡人？

失去強大領袖的莫斯科大公國，遭到瑞典人和波蘭人入侵。經常爆發內訌的俄羅斯人，也開始產生「俄羅斯同胞必須團結合作，才能穩定社會」的危機意識。西元一六一三年，各地的有力人士集結在一起召開了全國會議（又名為全俄羅斯縉紳會議）。會議上，眾人推舉出身自羅曼諾夫家族中的米哈伊爾（Михаил Фёдорович）為新任的沙皇。羅曼諾夫家族自留里克王朝建立以來便是貴族，而這也就是羅曼諾夫王朝的開端。

米哈伊爾年僅十六歲，在家族和有力人士的輔佐下統治俄羅斯。他並沒有留下什麼特別的政績，羅曼諾夫家族也尚未具備強大的領導能力。

此時剛好正值瑞典與德國即將爆發宗教戰爭（三十年戰爭）的前夕，瑞典與俄羅斯簽訂和平條約；另一方面，俄羅斯與波蘭之間也休戰，米哈伊爾原本身為俘虜的父親才得以返國。

當期盼已久的和平終於降臨俄羅斯之際，來自西歐的英國與荷蘭商人、企業家紛紛前往這片大地。這些外國商人在俄羅斯建立了以鋼鐵為主的產業，同時也開始銷售西歐製造的產品。然而，俄羅斯本土的大商人卻十分反對宮廷給予外國商人種種經商的特權。

對此，在米哈伊爾之後繼任的歷任沙皇，都要求俄羅斯農民必須具體推行穀物和岩鹽的出口業務。俄羅斯也在境內建立起商業特別區域，使得工商業也能夠順利發展。

東正教會獨立！

自九世紀以來，俄羅斯始終接納從東羅馬帝國傳來的希臘正教，如今終於能在基輔設立地位僅次於希臘總主教的「都」主教職位。在經濟持續發展下，俄羅斯的宗教也開始出現了新的動向。

東正教會的成立

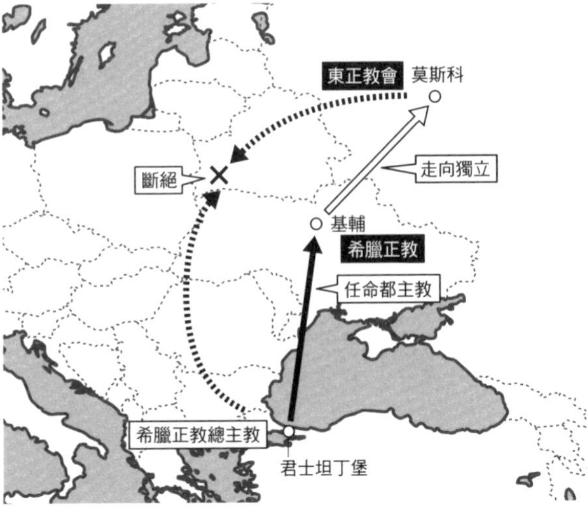

基督教是在十世紀以後正式成為俄羅斯的國教，俄羅斯人一直都在教會裡莊嚴地執行讚美神的感恩儀式。他們也會描繪耶穌基督、聖母瑪麗亞和多位聖人身影的「聖像畫」。

渴望遠離世間一切紛爭、過著平靜生活的人們，則在森林裡建立修道院，隱居度日。

修道院所在之處形成村落，農民紛紛移居而來。於是，俄羅斯的領土便逐漸擴大。

俄羅斯的基督教會中心，起初是設置在基輔，由君士坦丁堡的總主教委派負責統整全區的都主教。

可是在十三世紀以後，俄羅斯的中心北移至莫斯科。十五世紀中葉，奧斯曼帝國消滅東羅馬帝國，俄羅斯的教會得以脫離君士坦丁堡的總主教管轄而獨立。以莫斯科為中心的俄羅斯教會創立了東正教會。這個組織隨著莫斯科大公國與羅曼諾夫王朝的影響力日漸茁壯而受普世認可，沙皇則成為東正教會的掌權者。

農奴至死方能解脫

雖然官方宗教正式底定，但成為信徒的平民並沒有因此得到穩定的生活。

西元一六四五年，米哈伊爾去世後，由其子阿列克謝（Алексей Михайлович Тишайший）繼位成為新任沙皇。但是，這個時期的羅曼諾夫家族勢力還十分弱小，主要由歷史悠久的名門貴族莫羅佐夫家族攝理朝政。然而，莫羅佐夫家族卻針對飲食必備的鹽向人民課徵重稅，引起莫斯科民眾的反彈，紛紛拿起武器起義（史稱鹽暴動）。

莫羅佐夫家輕易垮了臺，但叛亂人士也遭到政府軍攻擊、俘擄並處以死刑。

國內混亂持續不休，貴族擔心波蘭人會伺機入侵，便召開全國會議，頒布新的「會議法典」（Соборное уложение）。法典包含將近一千條法律，廢除了教會和貴族的免稅特權，讓原本因不需繳稅而壯大的教會遭受了沉重的打擊。

這部法典還明確規範了農民的地位。農民有向領主繳納稅金的義務，倘若未繳就會受到嚴厲的處罰，而這項規定也導致許多不願服從的農民逃離領主的土地。領主畢竟是土地的主人，手下要是無人工作可就糟了，自然會想方設法捕捉逃走的農民。根據新法，農民即便逃亡也無法恢復自由身分，一旦落網就要受罰，終其一生也逃不出領主的手掌心。

這種沒有行動自由、一輩子都只能受到領主擺布的農民，就稱作農奴。以農奴為勞工的社會體系，就是農奴制。

成為哥薩克的另一選擇

即便會遭受嚴厲的懲罰，但還是有農奴冒險逃亡。他們逃脫後，往往定居在俄羅斯南方的窩瓦河、頓河，或是聶伯河流域，過著群居生活。群體的成員龍蛇雜處，包含罪犯、都市貧民、沒落貴族等等，人數的漸長，也逐漸形成一股對政府而言愈來愈棘手的勢力。

這群人就稱作哥薩克（Казáки），哥薩克意指「自由之人」，不會向莊園主人繳納稅金。他們獵捕動物、捉魚、採集樹果來生活，後來甚至還有人開始經營農業。

俄羅斯政府高度關注這群無法忽視的哥薩克，警戒他們造反；但同時政府也十分戒備遊牧民族，會利用哥薩克來遠征冰天雪地的西伯利亞。因此哥薩克即使在裏海和黑海沿岸搶劫掠奪，也不會遭到政府追究。

不過，當哥薩克的人數一增加，問題也就隨之而來。最早的一群哥薩克能夠以抵禦遊牧民族為名義，獲得政府提供的生活物資，

斯捷潘・拉辛發動叛亂的地區

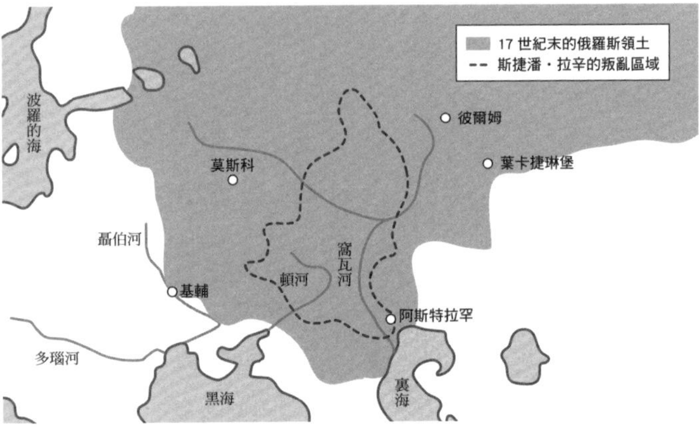

可是後來新加入的人卻無法享有這種待遇。

一六六七年，老哥薩克人斯捷潘・拉辛（Степáн Тимофéевич Рáзин）率領新住民遠征裏海，帶著大量戰利品歸來而深受新來的哥薩克所景仰，結果與老一輩的哥薩克團體對立。

而拉辛又在西元一六七〇年，帶領哥薩克新人遠征窩瓦河下游。持續警戒的政府軍眼見參加遠征的人數愈來愈多，便派出大軍擊敗了拉辛，並且將他押到莫斯科處以死刑。不過，拉辛英勇反抗領主殘酷管束的事蹟，後來仍在哥薩克之間傳頌了許久。

在這之後，政府撤廢了所有過去默許哥薩克的掠奪特權，逼迫他們向沙皇宣示效忠。從此以後，哥薩克便受到政府管轄統治。

一路向東

俄羅斯從一六五四年開始與波蘭頻繁交戰。政府為了紓解因軍事帶來的財政困難，下令鑄造新的盧布銅幣。俄羅斯從十四世紀前後開始便一直使用盧布作為貨幣，當時還是以銀鑄造。隨後羅曼諾夫王朝要求人民用銀幣納稅，可是向人民購買軍事物資時卻是使用銅幣。

當然，銀的價值比較高，政府從中獲利甚鉅。察覺其中詭計的莫斯科民眾因此起義，但僅僅一天就輕易遭到軍隊鎮壓。

以羅曼諾夫王朝為中心的俄羅斯，終於逐漸團結形成一個國家了，此時也慢慢往西伯利亞方面擴張領土。

話說回來，俄羅斯最早開始將觸角延伸至西伯利亞，是在伊凡四世的時代。西元一五八二年前後，哥薩克的領袖葉爾馬克（Ермáк Тимофéевич）率領八百名士兵，攻陷烏拉山脈東邊的西伯利亞汗國首都，這場勝利讓俄羅斯人得以東進。

俄羅斯擴張領土的目的，不單是減少環伺的外敵，也是為了獲得更多可出口外國的岩鹽和毛皮。尤其是在西伯利亞取得的貂皮，能為俄羅斯賺進大筆的財富。

十六世紀當時的俄羅斯軍隊，是使用近代槍枝作為武裝配備。相較之下，西伯利亞的原住民只有原始時代以來的傳統弓箭等武器，讓俄軍幾乎不必認真作戰，就能輕鬆擴張領土。

除此之外，俄羅斯還在一六八九年，與從滿洲發跡的大清帝國簽訂了《尼布楚條約》，條約中劃定以阿穆爾河（中國稱黑龍江）的源頭——額爾古納河和外興安嶺作為兩國的國境邊界。

烏克蘭落入誰手？

目前為止，俄羅斯東邊的領土幾乎已經確定了，我們就接著來看看西邊吧。

尼布楚條約（涅爾琴斯克條約）的國界

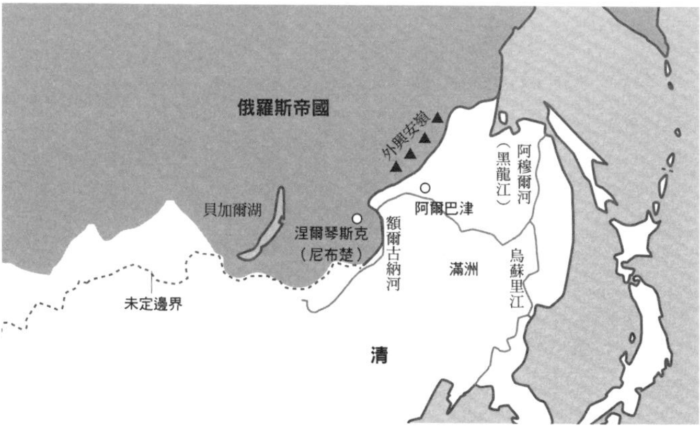

如果要解釋當時的俄羅斯西部的狀況，一定免不了要提到烏克蘭。俄羅斯人和白俄羅斯人同樣都是東斯拉夫語系民族，可是烏克蘭人無論在語言還是宗教信仰方面都與他們不同。

烏克蘭地區過去曾是基輔羅斯時代的政治與經濟中心，自從俄羅斯的中心移到莫斯科以後便日漸衰落，進入十四世紀後，開始受到來自西邊的波蘭、北邊的立陶宛以軍事壓迫。

波蘭和立陶宛在十六世紀中葉組為聯合王國，統治從波羅的海到黑海沿岸鄰近奧斯曼帝國的廣大疆域。此時烏克蘭也被併入了聯合王國內。

烏克蘭的中心地帶有聶伯河流經，從十四世紀開始，這條河的中游流域都住著從波蘭和立陶宛逃來的農民，他們成為哥薩克長久在此生活。

到了十七世紀，這個地方的哥薩克領袖企圖復興一蹶不振的基輔城市風範，便在當地重建教會，設立基輔神學校。後來，基輔開始與東歐國家頻繁交流，逐漸吸收先進的文化。

進入十七世紀下半葉，烏克蘭的哥薩克與俄羅斯聯手，試圖脫離波蘭的統治並獨立。然而，俄羅斯為了與波蘭一起聯手打敗共同的敵人——奧斯曼帝國，選擇背叛了烏克蘭的哥薩克。俄羅斯和波蘭簽訂和約，將聶伯河右岸劃為波蘭的領土，左岸則劃為莫斯科領土。於是，烏克蘭的一半就這麼成為俄羅斯的領土了。

當時的日本

1667年（寬文7年），播磨赤穗藩主淺野內匠頭出生。淺野後來在江戶城本丸的大廊犯下砍傷事件，這件事又引發後續家臣脫藩為主君復仇的赤穗事件。這起事件後來改編為戲劇《忠臣藏》，至今仍廣為日本人熟悉。

無能的兄長，傑出的么弟

一六八二年，沙皇費奧多爾三世（Фёдор III Алексеевич）去世後，其十五歲的弟弟伊凡和九歲的異母弟彼得，成為角逐沙皇寶座的候選人。

伊凡的身體極度虛弱又無能，彼得強壯且聰明伶俐，兩兄弟形成強烈的對比。起初將由彼得繼任成為沙皇，但兩兄弟的姊姊索菲亞（Софья Алексеевна）十分討厭彼得，便利用支持自己的有力人士勢力發動政變，將伊凡立為第一沙皇，彼得則為第二沙皇。

彼得被迫生活在莫斯科近郊一個名叫普列奧布拉任斯科耶（Преображенское）的偏僻村落。彼得在這裡和同伴努力從事軍事訓練，另外也和德國人深入交流，因此非常嚮往西歐的文化。

西元一六八七年和一六八九年，伊凡前後派軍遠征克里米亞，卻敗給奧斯曼帝國軍，使人民對彼得寄予更高的厚望。索菲亞出動軍隊，想伺機推翻彼得，但勢力強大的軍人全都支持彼得，因而未能成功。

於是，彼得終於成為實質的沙皇，一直到代理攝政的母親娜塔莉（Натáлья Кири́лловна Нары́шкина）去世後，正式執掌朝政，為彼得一世（Пётр I）。

與瑞典的生死殊鬥

彼得首先將目標放在遭奧斯曼帝國占領的亞速海，然而此時俄軍並沒有軍艦，因此陷入苦戰。彼得下令建造軍艦，最終在一六九六年奪回了亞速海。

翌年，彼得派遣由二百五十人組成的大使節團拜訪西歐各國，邀請各國與俄羅斯建交與合作。彼得本身也隱姓埋名同行，分別在當時的先進國家荷蘭和英國旅居了四個月。

期間，彼得參觀了工廠和大學，還在造船廠以員工的身分工作，學到軍事技術及其他許多技能。歸國後，他下令建設兵工廠和造船廠，並且為了取得所需的原料而在烏拉山脈一帶開採礦山。

彼得認為，如果要促進俄羅斯發展，必定需要開闢一條通往波羅的海、黑海和地中海的路線。在西元一七〇〇年，俄羅斯與瑞典爆發了大北方戰爭（Северная война）。戰爭的初期俄羅斯處於劣勢，不過彼得仍頑強作戰，最終於一七〇九年的波爾塔瓦會戰取得勝利。

暫時逃亡至奧斯曼帝國的瑞典國王，在一七一八年猝逝。即便如此，彼得仍繼續率領主力軍隊，從奧斯曼帝國進軍波羅的海方面。直到一七二一年，俄羅斯和瑞典簽訂《尼斯塔德條約》，才總算結束大北方戰爭，最終成功進占波羅的海。

在這場戰爭中，彼得在涅瓦河的河口建立了新城市——聖彼得堡，將首都從莫斯科遷移至新都。

此外，彼得也強化了獨裁體制，為了確保戰爭的財源而向農民課徵重稅。每當農民起義反叛，他就會靠武力鎮壓，更加鞏固統治權。

當時的日本

在彼得大帝的時代，俄羅斯與日本曾有過交流。大坂商人傳兵衛在1697年（元祿10年）遇難，漂流到堪察加半島，受到俄羅斯人保護，並帶往莫斯科謁見彼得二世，還成為首都設立的日語學校的首任教師。

彼得還對反對他的貴族和宗教人士課徵「鬍子稅」，使他們不得不俯首稱臣。彼得在西元一七二五年派探險家白令（Иван Иванович Беринг）前往東方探索，不久後便駕崩。西元一七二八年，白令發現位於歐亞大陸東端與阿拉斯加之間的海峽，於是便將那裡命名為白令海峽。白令在下一趟航海行程中抵達阿拉斯加，後來這塊廣闊的陸地也成為俄羅斯的領土。

不如意的時代

彼得大帝在一七二二年制定了皇位繼承法，明定「由現任皇帝指名心目中的優秀人選繼任沙皇」。

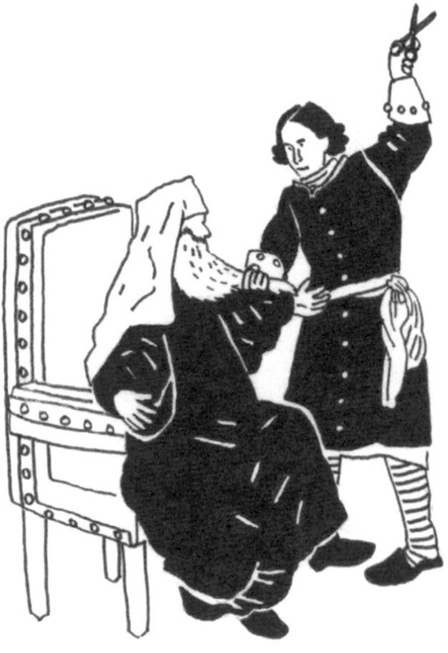

然而，親自定下這條律法的他，三年後卻在未指定繼承人的情況下與世長辭。不僅如此，這部法典並沒有排除女性繼位沙皇的資格，因此下一任沙皇便出現兩位候選人，分別是彼得的第二任皇后葉卡捷琳娜一世（Екатерина I）和孫子（同樣名為彼得，Пётр II）。

宮廷裡效忠女沙皇的新貴族，與支持傳統男沙皇的舊貴族雙方對立，再加上軍隊的介入，導致宮內一片混亂。結果，葉卡捷琳娜一世成為俄羅斯史上第一位女沙皇。

但是，她卻沒有留下什麼沙皇應有的政績，即位僅僅兩年即病逝。後來繼任的是舊貴族推舉的孫子彼得，不過他也在即位第四年因為重感冒而猝逝。最終接任沙皇的人選，是彼得大帝的兄長之女安娜（Анна Ивановна）。

由於俄羅斯國內缺乏能幹的人才，彼得大帝從前召來的德國人無論在政治、經濟與軍事都大顯身手。這個時代對俄羅斯人來說很不如意。

安娜在成為沙皇的第十一年病逝，接著繼任的沙皇是安娜的外甥女之子伊凡，但他繼位不久即去世。

後來繼位的沙皇，是彼得大帝和葉卡捷琳娜一世的女兒伊莉莎白（Елизавета I Петровна）。伊莉莎白在一七五五年設立了俄羅斯的第一間國立大學，即莫斯科帝國大學。她曾與奧地利和法國結為同盟，對抗普魯士。

然而，在伊莉莎白死後繼位的彼得三世，卻非常尊敬普魯士的國王腓特烈二世（Friedrich II），因此停止了與普魯士之間的戰爭。

廢黜丈夫，一代女皇登基

一七六二年，和普魯士結為同盟併肩作戰的彼得三世，遭到貴族和軍隊反感並流放，隨後遭到暗殺身亡。之後繼位的是他的妻子葉卡捷琳娜二世（Екатерина Алексеевна）（編註：中文圈常按其英文名，譯為凱薩琳二世，即著名的凱薩琳大帝）。

葉卡捷琳娜二世出生於普魯士，她之所以能夠成為沙皇，是因為她並不像丈夫那麼不好學，葉卡捷琳娜二世願意虛心學習俄羅斯語，並改宗東正教，努力成為俄羅斯人，因此才會得到貴族擁戴。

但另一方面，葉卡捷琳娜二世對農奴卻十分殘酷。事實上她似乎考慮過要解放農奴，但要是讓占據大多數人口的農民自由選擇職業，國家稅收就會減少。

結果，葉卡捷琳娜二世廢除農奴檢舉領主違法的權利，反而更加強了對農民的管束。

烏拉山區忿忿不平的哥薩克普加喬夫（Емельян Иванович Пугачёв），便於一七七三年向農民宣揚沙皇的惡行。除了農民外，工廠的工人和少數民族也紛紛響應加入行列，人數迅速地壯大，最終發起叛亂（史稱普加喬夫起

羅曼諾夫王朝家譜圖

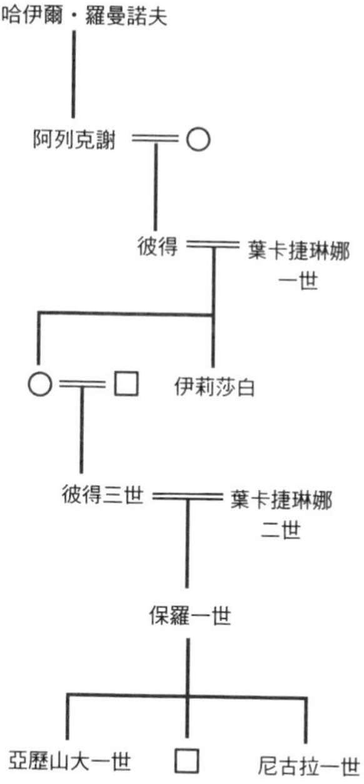

義）。普加喬夫甚至自稱是已被謀殺的沙皇彼得三世，助長叛亂軍的氣勢，葉卡捷琳娜二世則是派出大軍壓境。

最後普加喬夫遭到處死，叛亂平息後，仍有零星勢力繼承普加喬夫的思想出沒於各地，使葉卡捷琳娜二世不得不隨時監視他們的一舉一動。

波蘭屬於我！

在葉卡捷琳娜二世在位的時代，俄羅斯朝兩方面擴張領土。

其一是波蘭。西元一七六三年，波蘭國王去世後，葉卡捷琳娜二世支持她寵愛的斯坦尼斯瓦夫・奧古斯特（Станислав Август Понятовский）當選為波蘭立陶宛聯邦的新國王。但是斯坦尼斯瓦夫・奧古斯特卻擅自在國內推動軍事、財政、教育等改革措施。

葉卡捷琳娜二世唯恐反俄情緒在波蘭國內蔓延，便成立了反對國王改革的貴族聯盟，恢復他們拒絕效忠國王的權利，阻撓國王改革。

西元一七九三年，俄羅斯撇開奧地利，獨自和普魯士協議瓜分波蘭領土。波蘭人雖然起義反抗，但仍遭到葉卡捷琳娜二世派來的軍隊鎮壓。

兩年後，經歷幾次瓜分，俄羅斯、普魯士與奧地利三國終於將波蘭殘存的領土全部瓜分殆盡。

第二片新增的領土則位於南方。俄羅斯從西元一七六八年開始，與奧斯曼帝國交戰長達六年，確保了鄰接黑海的領土。

之後，俄羅斯再度戰勝奧斯曼帝國，在一七九二年將領土拓展到涵蓋克里米亞半島的黑海北岸。

全盤否定母親的兒子

西元一七九六年，葉卡捷琳娜二世去世後，兒子

當時的日本

西元1783年（天明3年）左右，伊勢商人大黑屋光太夫遇難，漂流到阿留申群島，與在伊爾庫次克從事自然研究的埃里克・拉克斯曼交情甚篤。葉卡捷琳娜二世還接見了光太夫，並派遣拉克斯曼的兒子亞當擔任使節，開拓日本通商的管道。

保羅（Павел I）繼任為沙皇。保羅是由祖母伊莉莎白撫養長大，從沒有感受過母愛，反而還十分厭惡發起政變流放父親、身邊情人無數的母親。

保羅成為新任沙皇後，完全否決了母親的政治方針，廢除舊有的法律、流放重臣，並訂立了新的皇位繼承法，限制只能由男性繼位。從此以後，俄羅斯再也沒有女性沙皇。

雖然保羅熱心施政，但他所頒布的許多政策都是一時興起，加上他喜愛軍事，因而遭到貴族厭惡。當時的俄羅斯農民似乎正蠢蠢欲動，於是保羅下令領主不得苛待農奴，想藉此減輕農奴的負擔；但是農奴不工作，收益就會減少，因此引發貴族反彈。

此刻的西歐正值法國大革命爆發。儘管俄羅斯和普魯士、奧地利聯手圍攻法國（第二次反法同盟）；但在一七九九年，拿破崙發起政變掌握大權以後，俄羅斯隨即退出同盟，這是因為保羅十分尊崇軍人之身的拿破崙。

沙皇施政如此隨心所欲，導致貴族的不滿愈發高漲，最後在西元一八〇一年，貴族密謀殺害了保羅。

忍氣吞聲，只為擊敗拿破崙

保羅死後，其子亞歷山大一世（Алекса́ндр I Павлович）繼位。他在拿破崙戰爭時期從軍，學習了西歐的制度，企圖與改革派的貴族實施議會改革與農奴解放等政策。

但是，這些事務都因為與拿破崙作戰，加上保守派貴族的反動而中斷，使得期待改革的農民日漸不滿。

在外交方面，亞歷山大一世實行不親近英國、也不親近法國的「等距離外交」策略。西元一八〇四年，拿破崙登基成為皇帝後，俄羅斯在翌年加入周邊各國組成的圍攻陣線（第三次反法同盟）。雖然亞歷山大一世與奧地利聯手，卻在奧斯特利茨（Austerlitz）敗給了法軍，與法國簽定和約。

拿破崙在一八〇六年頒布了柏林敕令，禁止歐洲大陸各國與英國貿易。但是，若無法進口英國先進的產品，會讓俄羅斯十分困擾，於是俄羅斯偷偷與英國展開走私貿易。

拿破崙遠征俄羅斯的路線

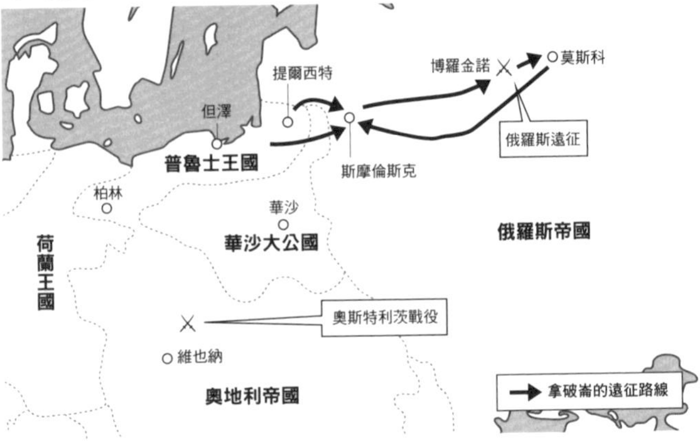

然而走私貿易不久後便曝光，震怒的拿破崙決定遠征俄羅斯，從一八一二年六月開始進攻。一開始俄羅斯各地的軍隊兵敗如山倒，就連鄰近莫斯科的博羅金諾（Бородинó）也一敗塗地。

九月，拿破崙進軍莫斯科。亞歷山大一世的應對戰略是撤除所有人丁，並且在莫斯科全城放火。

拿破崙在莫斯科一無所獲，開始調頭撤兵之際，亞歷山大一世才下令追擊。嚴酷的寒冬也助了俄軍一臂之力，成功擊破法軍。之後，亞歷山大一世率領同盟各國挺進巴黎，因此人稱「歐洲的解放者」。

拿破崙戰爭的最終，亞歷山大一世逼迫拿破崙退位，與此同時，反法同盟也決議將拿破崙流放到厄爾巴島。

戰後結束後，歐洲各國召開維也納會議，商討一八一四年以後的歐洲新秩序。為了以基督教的博愛精神實現歐洲的和平，亞歷山大一世提議組成神聖同盟。

亞歷山大一世在維也納會議上和許多王公貴族交流，思想也因此產生變化。他領悟到正是因為平民追求自由並反抗君主，才會導致拿破崙這樣的威脅王權和貴族的危險分子出現，所以決定採取限制自由的政策。

維也納會議中的基本原則，就是不認同法國大革命的「正統主義」。

祕密專欄

國旗、國徽與國歌的變遷

從俄羅斯帝國到蘇聯、俄羅斯聯邦

俄羅斯的國旗，由上而下依序是白、藍、紅三色的橫條，但各個顏色的象徵，其實並沒有官方的解釋，國民之間也充斥著五花八門的說法。

其中贏得最多人認同的說法，就是白色象徵高貴與開放，藍色象徵誠實和純潔，紅色象徵勇氣、寬容與愛。另外還有主張三色是代表十八世紀初俄羅斯的三大領域範圍的說法，以及引用荷蘭國旗顏色的說法。

俄羅斯的國旗有一段時期是以黑、黃、白組成。當蘇聯定紅旗為國旗時，白藍紅三色旗則象徵著民主反抗。一九九一年蘇聯解體後，三色旗才成為俄羅斯的國旗。

俄羅斯的國徽也經歷過變化。以往有過雙頭鷹四周圍繞著各個領土紋章的俄羅斯帝國國徽，以及展現農民與工人團結的蘇聯國徽。俄羅斯聯邦的國徽和帝國的國徽十分

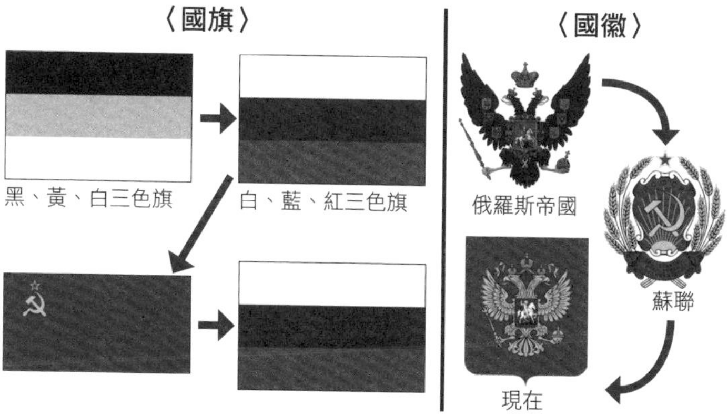

蘇聯國旗的標誌是交叉的鐮刀和鎚子。鐮刀象徵農民，鎚子象徵無產階級，代表農民階級與工人階級團結合作。

相似，鮮紅色背景的中央是戴著王冠的金色雙頭鷹。

俄羅斯的國歌，原本是俄羅斯帝國取自英國國歌的旋律譜寫而成，後來國內舉辦國歌徵曲競賽，也曾採用過世界知名的共產革命頌歌《國際歌》，最後公開召募原創的國歌，終於誕生了《蘇維埃聯盟國歌》。

蘇聯瓦解後，在普丁就任總統的翌年（二〇〇一年），重新為《蘇維埃聯盟國歌》的旋律填上新的歌詞，才終於完成現今俄羅斯的正式國歌《牢不可破的聯盟》。

這首期許重建強大俄羅斯的歌曲，依照俄羅斯現行法律，必須每天在電視、廣播上播放兩次。

耐人尋味的俄羅斯偉人③

深受女帝寵愛而發跡的無私軍人

波坦金

Grigori Aleksandrovich Potemkin

（1739～1791 年）

23 歲與葉卡捷琳娜二世建立終生情誼

波坦金是多情的葉卡捷琳娜二世著名的情人之一，但他文武雙全，擁有其他寵臣沒有的才華，在軍事方面的表現也深受女帝的支持。

兩人從1762 年開始愈走愈近，當時波坦金23 歲，因為加入助葉卡捷琳娜二世登基的那場政變而受到青睞，之後也立功無數。他曾經領軍陣壓了普加喬夫起義，在1783 年將俄羅斯的農奴制導入烏克蘭。另外還立下將克里米亞併入俄羅斯領土、開拓黑海北岸、創立黑海艦隊、建設商業船隊和港灣等功績。1787 年，他在俄羅斯對抗奧斯曼帝國的俄土戰爭中擔任元帥，但在1791 年前往奧斯曼帝國簽訂和平條約的途中病逝。

雖然波坦金出身於小貴族地主家庭，但最終成為治理多數領地、坐擁數萬農奴的大地主。

chapter 4

十九世紀的俄羅斯

群起的青年

曾參與過拿破崙戰爭的俄羅斯貴族，在戰爭期間體會到西歐社會的自由風氣，也見識到相對於俄羅斯更為進步的政治和經濟體系，於是便陸續有人挺身反抗沙皇坐擁大權的政治體系。

這些貴族在一八一六年，建立了政治組織「救濟同盟」。他們得知曾經一起在同一戰場上打仗的農民生活得有多麼悲慘，期望能夠拯救落後的俄羅斯而群起反抗。支持救國同盟的成員愈來愈多，後來便改組並更名為「福祉同盟」。

雖然他們的共同目標是廢除農奴制、打破現有的體制，但是對於未來的政治體制、是否要採取武裝抗爭的手段，以及若要抗爭應該選在什麼時期發起行動等等問題，卻都抱持不同的意見。甚至還傳聞同盟內有政府派來的臥底，導致成員始終無法團結一致。

在此期間，亞歷山大一世於一八二五年去世，但他生前並未交代讓弟弟尼古拉繼任皇位，導致政治停擺。

此時，主張革命的年輕人群起反抗，但因為這場行動沒有明確的指揮系統，導致作戰失誤連連。集結的軍隊只是呆站在原地，結果輕易遭到重整態勢的沙皇軍隊鎮壓。

由於這場革命發生在十二月，因此相關黨人便被稱作十二月黨人（Декабристы）。有五名十二月黨人被處以絞刑，大約一百二十人則是流放到西伯利亞。

全部操之在我手

沙皇尼古拉一世（Николай I

Павлович）剛即位後不久，便鎮派軍壓了十二月黨人起義。他是比亞歷山大一世要小二十歲的弟弟。

尼古拉一世和祖父彼得三世非常相像，都是野蠻粗暴的人。他強力打壓革命思想，認為凡事都要以維護沙皇的獨裁體制為優先。

不過，尼古拉一世曾親自參與十二月黨人的審訊，並在過程中了解到政治改革的必要性，於是努力提高農奴的地位；但是他所實行的改革政策遭到貴族反對，結果未能成功。

最後，尼古拉一世無條件提拔追隨他的貴族，賦予他們官職，更嚴加取締追求自由的人民。另外他也干預國民教育，以民族主義和希臘正教的「不反抗體制的服從精神」作為教育宗旨。

另一方面，俄羅斯的經濟在尼古拉一世在位時期邁向了發展期。棉織品製造業和砂糖產業都更加重效率，透過分工逐漸擴張生產方式。穀物的產量增加，海外出口也日漸興盛。國內不僅整頓出完善的道路網絡，也建造了連接河川的運河。西元一八三七年，連結聖彼得堡和近郊的沙皇村（Ца́рское Село́）、約

達達尼爾－博斯普魯斯海峽

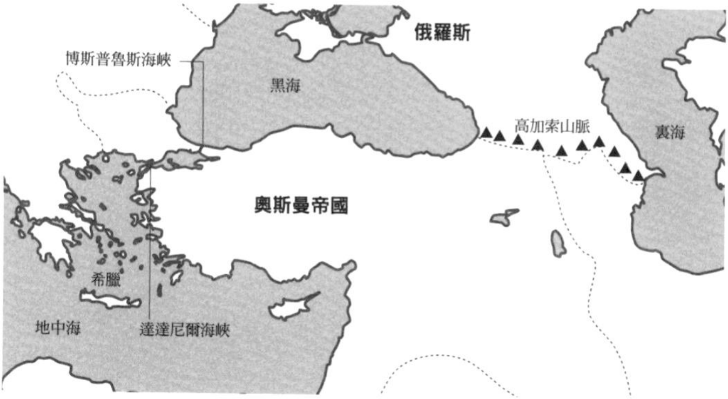

二十三公里長的鐵路完工。

尼古拉一世還致力於對外貿易，期望經濟能夠更進一步發展，因此他必須在地中海一帶確保物流的據點。既然如此，奧斯曼帝國就成了俄羅斯此刻的絆腳石。

交出管轄權！

維也納會議確立拿破崙戰爭之後的歐洲版圖與體制，各大國都極力避免在歐洲開戰。可是尼古拉一世卻執意進軍坐落在裏海和黑海之間的高加索山脈一帶，逐漸擴張領土。

只要受到俄羅斯統治的波蘭一出現反俄

的活動，尼古拉一世就會立即派軍鎮壓。西元一八三一年，他廢除了波蘭的憲政體制，改由俄羅斯帝國直接統轄。

前一年，由於支援奧斯曼帝國鎮壓希臘獨立戰爭的起義，當時還是帝國其中一個行省的埃及以此為由，要求奧斯曼帝國割讓敘利亞地區（包含現在的敘利亞、黎巴嫩、約旦與以色列等中東地區），導致雙方開戰。俄羅斯為了取得黑海周邊的利權，便插手干涉這場戰爭。

西元一八三三年，俄羅斯和奧斯曼帝國簽訂了《洪基爾－斯凱萊西條約》（互助條約），俄羅斯從奧斯曼帝國手中奪得了達達尼爾海峽和博斯普魯斯海峽的自由通行權，並宣稱其餘各國不得航行。但就在埃及再度與奧斯曼帝國交戰後，於一八四〇年召開的倫敦會議中，這項條約因遭到各國反對而撤廢。

儘管如此，尼古拉一世仍一點一點削弱了奧斯曼帝國的勢力。

除此之外，再加上複雜的基督教問題，導致俄羅斯和信仰新教的英國，以及信仰天主教的法國處於對立。

西元一八五二年，剛登基成為法國皇帝的拿破崙三世，隨即要求奧斯曼帝國將過去賜予希臘正教徒的耶路撒冷管轄權，應當轉移給天主教會。由於耶路撒冷是基督教的聖地，擁有管轄權，相當於可以在當地自由從事傳教活動。

相對於法國，尼古拉一世則是代表希臘正教，同樣要求奧斯曼帝國交出耶路撒冷的管轄權。然而奧斯曼帝國有法國和英國作為靠山，果斷拒絕俄羅斯結盟的要求。不僅如此，英國也想阻止俄羅斯的勢力南下深入巴爾幹半島，確保通往殖民地印度的航運路線。

每個國家各有算計，最終不可避免地點燃了戰火。

即使敗北，也要一路南下

法國、英國、奧斯曼帝國與俄羅斯之間爆發壯烈的克里米亞戰爭，這場戰役的導火線起因於俄羅斯在一八五三年的動向。俄軍在這一年入侵摩爾達維亞和瓦拉幾亞（現在的摩爾多瓦共和國和羅馬尼亞），俄羅斯的黑海艦隊更在海上擊破了奧斯曼的艦隊。

翌年，英法艦隊前進黑海，採取中立立場的奧地利和普魯士則出面調停，兩國採取各種方法勸俄軍撤退。最終俄羅斯看在友邦奧地利的面子上，才勉為其難地答應結束。

然而戰爭並沒有隨之終止，俄羅斯仍征戰各地，戰爭的中心轉移至克里米亞半島上。英法聯軍決定登陸克里米亞半島，向塞瓦斯托波爾發動圍城戰。由於這裡是黑海艦隊的基地，俄軍即使付出重大犧牲也必須死守到底。這場戰事致使俄軍的死亡人數多達三十五萬人。

可是圍攻的英法聯軍同樣死傷慘重，因此雙方最終回應奧地利的呼籲，開始和談，於一八五六年在巴黎簽訂和約。

這項和約雖然讓俄羅斯保留了塞瓦斯托波爾基

當時的日本

克里米亞戰爭爆發前的1853年（嘉永6年）8月，俄羅斯海軍中將兼遣日全權大使普提雅廷，前往長崎與幕府談判；1854年（或說1855年）再次到訪下田，與幕府簽訂《日俄和親通好條約》。這份條約確立國後、擇捉等北方四島為日本領土。

地，但黑海艦隊卻被迫解散。至於達達尼爾海峽和博斯普魯斯海峽，則是禁止奧斯曼帝國以外的所有軍艦航行。另外，奧斯曼帝國內的基督教會也要由英國、法國與俄羅斯共同管轄。

追根究柢，俄羅斯在克里米亞戰爭敗北的原因，在於武器技術的落後與過時的軍事戰略。雖說相較以往已有大幅的進步，但俄羅斯的經濟仍然比當時先進的英國和法國要遜色。

不僅如此，在戰爭來到下半場的一八五五年，尼古拉一世猝逝，繼位的亞歷山大二世（Александр II Николаевич）決定先放棄黑海方面的勢力範圍，打算重新建設俄羅斯。

要解放農奴嗎？

重建俄羅斯的關鍵，就是近代化。亞歷山大二世為了確保工廠有足夠的工人，曾經考慮過解放農奴。

但是當沙皇有意解放農奴的消息一傳開，便招來各個貴族的質疑。亞歷山大二世雖然為了安撫貴族而否認這個傳聞，但實際上他非常能夠體恤農民的痛苦。只是既然要解放農奴，他認為應該採取的策略不是滿足農民的要求，而是在沙皇的指導下執行。

西元一八五八年，亞歷山大二世前往多數貴族激烈反對的地區，親自說服他們解放農奴的重要性。於是在一八六一年，雙方經過長期的談判，最終頒布了農奴解放令。

農奴解放令讓農民得以脫離土地的束縛，前往城市的工廠工作。雖然俄羅斯的工業革命起步比起英國要晚了一百年，但如今總算也具備完善的改革條件了。

西元一八六七年，當東亞的日本正值幕末動亂之際，美國向俄羅斯提議收購阿拉斯加，亞歷山大二世只用七百二十萬美元的價格爽快地出售。賣掉阿拉斯加的原因，在於那裡缺乏充足的防衛戰力駐守，畢竟當時的俄羅斯根本沒有餘力管轄位處邊陲的阿拉斯加。

然而，美國卻在阿拉斯加發現了金礦，賺進大筆財富。

對抗奧斯曼帝國

進入一八七〇年代後，俄羅斯的經濟蒸蒸日上，亞歷山大二世便開始積極打算將領土拓展到巴爾幹半島。

西元一八七五年，在奧斯曼帝國統治下的波士尼亞與赫塞哥維納，境內的斯拉夫民族起義叛亂，俄羅斯的義勇軍也趁機加入幫助叛軍。

這場叛亂因奧斯曼帝國派軍鎮壓而失敗，翌年，保加利亞也爆發反抗奧斯曼帝國的革命，使俄羅斯和奧斯曼帝國之間的情勢開始緊張起來。

終於在西元一八七七年，俄土戰爭爆發。亞歷山大二世向國內宣誓「要拯救基督徒同胞」，贏得國民對戰爭的支持。可是實際上，這場戰爭只是為了

當時的日本

1877年（明治10年），日本爆發西南戰爭。這場發生於九州、以西鄉隆盛為盟主的士族叛亂，戰況十分慘烈，明治政府軍和叛軍雙方皆有大量傷亡。這場戰爭大約持續了七個月，便遭到政府軍鎮壓。

俄羅斯和土耳其的關係圖

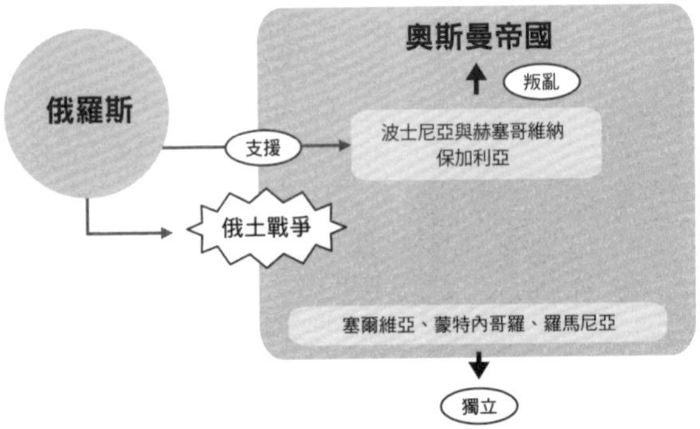

（保加利亞獨立後，成為奧斯曼帝國領內的自治國）

將人民對國內政治高漲的不滿情緒轉移到對外戰爭，最終目標更是將領土擴張到巴爾幹半島。

俄軍經過一番苦戰後總算奪得勝利，在一八七八年與奧斯曼帝國簽訂條約。於是塞爾維亞、蒙特內哥羅、羅馬尼亞皆脫離奧斯曼帝國獨立，俄軍得以在保加利亞駐軍兩年。

然而英國向奧地利抗議俄羅斯企圖往南擴張勢力的行動，因此歐洲列強隨即於柏林召開會議，由德國主持，最終決議保加利亞的領土縮小，得以脫離奧斯曼帝國的控制獨立自治。

中亞納入版圖

那麼，接下來要介紹十九世紀的俄羅斯版圖的大致流變。從這裡開始，我們先來看看尚未提及的中亞動向。

中亞這個稱呼其實並非正確的地理用詞，本書姑且將中亞定義為裏海到蒙古高原之間的廣闊地區。這片地區有許多突厥（土耳其）系民族，所以又稱作「突厥斯坦」（意即突厥人所居之地）。

俄羅斯是在十八世紀開始進軍中亞，主要理由是防禦從東方來襲的遊牧民族。再從中亞的角度來看，西元一七七三年，中亞西部（現在的哈薩克）卷入了哥薩克普加喬夫發起反抗俄羅斯的暴動，不過這場暴動遭到葉卡捷琳娜二世派出的政府軍平息。

之後仍陸續發生了幾次暴動，直到十九世紀中葉，哈薩克成為俄羅斯的領土。俄羅斯也陸續併吞了哈薩克南方的各個國家，得到廣大的領土。

後來，由於中亞盛產棉花，更是支撐著俄羅斯國內棉織品工業的成長。

祕密專欄

俄羅斯的文學史和文學家

隨著社會演進而變化的文學觀

十九世紀初，隨著拿破崙戰爭結束後，俄羅斯的青年貴族開始學習西歐的自由主義思想，卻沒有充分理解其中的本質。他們了解到自己以貴族身分享有的特權生活，是建立在沙皇的獨裁體制以及犧牲農民權益的農奴制之上，他們不曉得該如何看待這個事實，因而感到十分苦悶。

這些貴族知識分子又稱作「多餘人」，當時的俄羅斯文壇正是流行描寫這類人生活情態的作品。屠格涅夫的小説《父與子》就是其中的代表作，這個故事描述了崇尚虛無主義、喜愛爭辯的兒子，與思想古板傳統的父親世代之間的糾葛。

十九世紀下半葉，世界著名的偉大作家杜斯妥也夫斯基出現了。他批判近代化和理性主義的立場十分鮮明，他本身就是被貴族批為「多餘人」的知識分子。杜斯妥也夫斯基批

屠格涅夫

杜斯妥也夫斯基

蕭洛霍夫

判多餘人，但同時也會嚴厲抨擊批判多餘人的貴族。

杜斯妥也夫斯基批評知識分子倚重科學的傾向，以這樣複雜的立場投入創作。《罪與罰》、《卡拉馬助夫兄弟》、《群魔》等作品深刻描寫俄羅斯人精神的深度與複雜。

二十世紀，俄羅斯在歷經革命後成立社會主義體制。蕭洛霍夫就是生為一名社會主義者，在故鄉頓河流域一帶活動的作家。

蕭洛霍夫的代表作《靜靜的頓河》，描寫當地的哥薩克人在動盪年代中的變遷，這部作品受到廣大讀者支持，還榮獲了史達林文學獎。蕭洛霍夫是繼承了托爾斯泰精神的作家，至今依然有許多忠實的讀者。

耐人尋味的俄羅斯偉人④

描寫俄羅斯人民百態的大文豪

托爾斯泰

Lev Nikolayevich Tolstoy

（1828～1910）

追求理性、人道、協調的非暴力主義者

托爾斯泰孕育出《戰爭與和平》、《安娜・卡列尼娜》等多部經典名著，堪稱俄羅斯的代表小說家。

托爾斯泰出生於名門世家，接受充分的教育和教養，但他感情豐沛，人生一路上總是焦慮不安。他大學輟學後，開始專心經營農地並創作小說，作品也受到文壇認可。但後來他的農地經營得並不順利，只好棄農從軍。他記錄自己參加克里米亞戰爭的經歷並發表，再次贏得大眾矚目。

隨後，托爾斯泰結婚成家，但婚後精神狀態依舊不穩定。1882年他出版《懺悔錄》後，宣揚道德的立場變得非常鮮明，作品中對於日俄戰爭的批判引起世界各地的迴響，連日本的社會主義者也大受感動。

托爾斯泰晚年與家人發生衝突，於1910年離家，因肺炎客死在外地的車站。他離世時所在的車站現已更名為列夫・托爾斯泰站。

chapter 5

帝國主義與大戰

日本人膽敢行刺皇儲！

西元一八七五年，俄羅斯與日本簽訂庫頁島千島交換條約，確定了彼此的領土界線。然而從翌年開始，兩國的關係又掀起洶湧的暗潮。採取富國強兵策略的日本企圖進軍大陸，與朝鮮簽訂和約並迫使其開國。與此同時，俄羅斯也計劃進軍遠東（朝鮮）。

一八九一年五月，俄羅斯皇儲尼古拉二世（亞歷山大三世之子，Николай II）在前一年出發環遊世界，回程的最終站就決定造訪日本；之後他為了出席西伯利亞鐵路開工典禮，預計前往符拉迪沃斯托克（編註：即海參崴的俄語名）。尼古拉二世陸續走訪了長崎、鹿兒島、京都，從京都前往琵琶湖一日遊，然而卻在回程途中行經滋賀縣大津市（當時為滋賀郡大津町）時，遭到當地的警備員砍殺。這起事件就稱作大津事件。

犯人的動機是不滿俄羅斯勢力往南擴張後對日本採取的強硬態度，想要報一箭之仇。日本政府因此人仰馬翻，在事發十六天後判處罪犯無期徒刑。由於尼古拉二世性命無恙，所以俄羅斯也展現寬容的態度，才沒有讓這起事件演變成嚴重的國際衝突。

但是，就在大津事件三年後，西元一八九四年，日本因為朝鮮問題和大清帝國開戰，且出乎意料地打了勝仗。日本開始以朝鮮半島為立足點，正式進軍大陸，與俄羅斯的關係也逐漸惡化。

剛好在這一年，亞歷山大三世駕崩，皇儲尼古拉二世即位。

經濟發展的內幕

大津事件發生的一八九一年，俄羅斯國內在該年也有其他重大的發展。

這一年，和日本一樣對遠東利權虎視眈眈的英國，獲得清朝同意，展開東清鐵路（後來的南滿洲鐵路）的建設調查。俄羅斯原本就因為英國干涉伊朗、中亞問題，而與英國對立已久，見狀後才終於認真開始建設先前還提不起勁動工的西伯利亞鐵路。

20世紀初的西伯利亞鐵路路線圖

就在同一年，俄羅斯和法國組成同盟（一八九四年軍事同盟），強化了兩國的外交關係。

結果，法國的投資人為俄羅斯鐵路及其他產業投注資本。可是另一方面，德國卻在與俄羅斯的貿易上徵收高額的關稅，導致德俄雙方對立。

對俄羅斯百姓來說，一八九一年是非常艱辛的一年。從一八七〇年代開始，美國產的穀物也開始大量輸入歐洲，導致俄羅斯的穀物價格下跌，農家的收入也隨之陷入低落。這一年又恰好遭逢嚴重的歉收，造成俄羅斯境內高達四十～五十萬人餓死。

就在俄羅斯與外國衝突不斷、百姓身陷危機的這一年，知名的經濟學家塞吉・威特（Сергей Юльевич Витте）被授予財政大臣的頭銜。他為了解決這個絕境，首先強力推動工業化，運用法國投注的資本、德國進口的火車頭，以及西伯利亞鐵路，啟動進軍亞洲的宏大計畫。

十九世紀末至二十世紀初，威特的政策開始發揮效用，俄羅斯的經濟果然順利起飛，尤其石油產能甚至占了全球產量的一半以上。可是就在經濟發展的同時，工人卻依舊陷在低薪和工時過長的嚴苛處境。

人人憧憬的社會主義之夢

在經濟成長的背後，十九世紀後半的平民依舊窮困。此時俄羅斯社會注入了一道新的思想，那就是德國出身的經濟學家卡爾・馬克思（Karl Marx）提倡的共產主義。共產主義的主旨是為了拯救被資本主義體制壓迫的工人，建立一個以工人階級為主的經濟和社會體系。

比俄羅斯早一步發起工業革命、經濟富足的英國和德國，工人的生活並沒有因此富裕起來，所以馬克思才會提倡這個思想。

一八七〇年代的俄羅斯民粹派（追求心目中平等社會的知識分子）學生，視社會主義為理想，積極向大眾宣揚；可是，當時的俄羅斯教育還不夠普及，這時知識分子的主張依然無法獲得百姓的理解。

最後，曾經是革命分子的民粹派領袖之一普列漢諾夫（Георгий Валентинович Плеханов），離開俄羅斯流亡至瑞士。他閱讀了馬克斯的摯友、同樣是德國人的弗里德里希・恩格斯（Friedrich Engels）執筆撰寫的《共產黨宣言》，受到馬克思的思想所啟發。

普列漢諾夫從瑞士向俄羅斯人民呼籲：「俄羅斯必須推翻專制，建立社會主義社會。」

透過普列漢諾夫認識共產主義的人們，在俄羅斯各地成立組織，研究馬克思的思想。一八九八年，以這個組織為中心的俄羅斯社會民主工黨成立，最早的黨員只有九個人，當時甚至還沒有綱領和黨規。

俄羅斯社會民主工黨的成員在基輔西北部的明斯克（現在的白俄羅斯首都）召開代表大會，儘管這是一場只有九人的祕密會議，依然遭到鎮壓，分散於全國的五百多名同志都遭到政府派來的警察逮捕。這場黨大會，僅僅只是一場決定黨名和黨規的集會而已。

另一方面，民粹派其他流派的人們，在俄羅斯社會民主工黨之外組成了另一個社會革命黨（縮寫為ПСР）。這個政黨的目的是啟蒙農民，但實際採取的卻淨是恐怖行動，經營政黨的規範根本不存在。

列寧其人

成立不久即四分五裂的俄羅斯社會民主工黨，後來出現一位名叫弗拉迪米爾・列寧（Влади́мир Ильи́ч Улья́нов）的人。

在列寧十七歲的時候，他的兄長因為主導一場刺殺沙皇的行動而被處死，他本身則是參加學生運動而遭大學退學。此時，列寧讀到車爾尼雪夫斯基（Николай

Гаврилович Чернышевский）的小說《怎麼辦？》而大受感動，決心投入革命事業。之後，他在法律事務所工作，同時參加馬克思主義的團體集會。

西元一八九五年，列寧因為發行革命勢力「工人階級解放鬥爭協會」的非法機關報而遭到逮捕，被流放到西伯利亞。他在流放期間寫下了著作《俄國資本主義的發展》。

西元一九〇三年，俄羅斯社會民主工黨在比利時的布魯塞爾召開第二屆黨大會，這次有二十六個團體、五十七名代表集結，花了二十一天討論了各式各樣的議題。

該黨的目的原本是「最終建立社會主義社會」，討論到最後卻變成了「此時此刻應推

翻獨裁體制，建立民主共和國」。

但是，列寧一派只想讓職業革命分子入黨，幹部領袖尤里・馬爾托夫（Юлий Осипович Мáртов）卻希望廣泛集結所有有志於革命的人馬，兩人因意見相左而嚴重對立。

擁護列寧的一派就稱作布爾什維克（Большевик，意為多數派），支持馬爾托夫的一派稱作孟什維克（Меньшевик，意為少數派）。雙方始終無法建立共識，最終走向分裂。布爾什維克後來更名為俄國共產黨，開始訴求以革命運動建立共產國度。

意想不到的戰敗

另一方面，歐洲列強對於滿洲問題的對立關係，在一九〇二年英日同盟成立後更加浮上檯面。當時的英國在南非作戰，陷入苦戰，沒有餘力處理遠東的中國事務，所以才會與日本結盟。

這一年，俄羅斯和清國協議從滿洲撤兵，但政府內部卻出現反對的勢力。此外，身為同盟國的法國，以及認為俄羅斯專注遠東便可以降低對自己國家造成威脅的德國，雙雙支持俄羅斯擴張遠東的勢力。

西元一九〇四年二月，駐紮在仁川和旅順港的俄羅斯艦隊攻擊日軍，日俄戰爭終於爆發。

在這場戰爭中，俄羅斯的兵力和物資都是靠西伯利亞鐵路運輸，所以俄軍占據了優勢；但日本的反擊非常激烈，翌年攻陷了旅順要塞，緊接著在奉天（現在的瀋陽）攻破俄軍主力。而在日本海海戰方面，俄羅斯特地從波羅的海的利耶帕亞（現為拉托維亞的港口）調來波羅的海艦隊，同樣全軍覆沒。

翌年，日本想趁局勢對自己有利時與俄羅斯和談，便委託美國居中調停，雙方簽訂《樸茨茅斯條約》。俄羅斯必須將在朝鮮半島的特權、遼東半島南部（旅順

第一次世界大戰前的各國關係圖

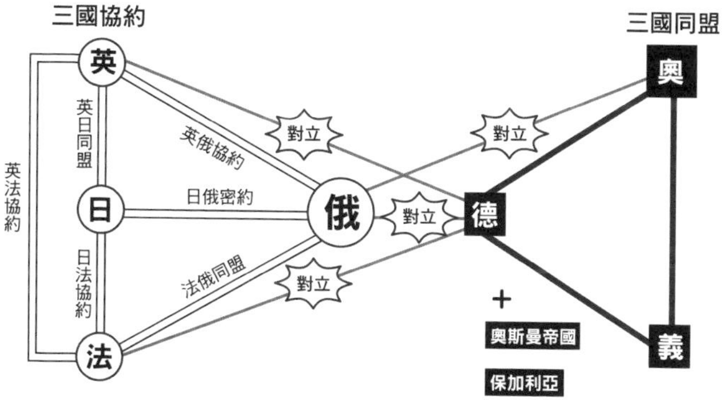

和大連）的租借權，以及東清鐵路的南滿洲支線讓給日本，另外再割讓庫頁島南部，並承認日本在沿海州的漁業權。

尼古拉二世被迫接受如此屈辱的和談條件自然是非常沮喪，也令俄羅斯軍部感到強烈不滿。敵視日本、深信俄羅斯會勝利的大韓帝國皇帝（高宗）也十分震驚，之後，日本在西元一九一〇年併吞了韓國。

俄羅斯因為敗給日本，而放棄進軍遠東；西南方面，為了避免在中亞和伊朗一帶與英國發生衝突，於一九〇七年簽訂了《英俄協約》，結果形成了德國、奧地利、義大利的三國同盟，對抗英國、法國、俄羅斯三國協約的局面。

蘇維埃的誕生

在日俄戰爭期間，俄羅斯國內的工人運動，隨著戰況失利的消息傳開而發展得更加激烈。當重要據點旅順淪陷時，巴庫（現在的亞塞拜然首都）的石油產業工人發起了大規模的罷工運動。

以聖彼得堡為起點，全國的工人都紛紛挺身加入罷工的行列。群眾要求建立取代沙皇獨裁的政治體制，國內一片大亂。

這場發生在聖彼得堡的罷工行動，領袖是一位名叫格奧爾基・加邦（Гапон, Георгий Аполлонович）的神父。他出生於富裕的農家，在大學專攻神學，後來為了捍衛工人的權利而放棄學業，自行成立組織並展開活動。不過這個組織並不是提倡反對體制，而是成

立與資方交涉的工會，因此獲得許多人的支持。

但是，由於工會成員無端遭到解雇，加邦決定開始對政府採取實際行動。加邦為了改變俄羅斯社會，先是向沙皇提出請願書，要求政府舉行普選、召開議會，保障人民的基本權利。

到了西元一九〇五年一月九日，加邦帶領十萬名工人前往聖彼得堡的宮殿，但是沙皇並未在約定好的時間現身，叫囂著不滿的工人和警備兵爆發衝突。其中有士兵開了槍，導致事情發展成有數百位民眾傷亡的暴動。這場示威就稱作「血腥星期日」。

在這起事件以後，罷工運動擴大成全國的規模，人民不再信仰長久以來都有如神一般高高在上的沙皇。過去俄羅斯發生過的革命運動，都是由知識分子領導；然而這次卻是由民眾擔綱主角，號召大規模的革命。這是近代俄羅斯史上最重大的轉捩點。

許多城市將實施罷工的委員會聯盟稱作「蘇維埃」（совéт），在俄羅斯語的意思是「代表會議」。而位於首都聖彼得堡的蘇維埃，正是全國蘇維埃之中的重心。

動盪一九〇五

血腥星期日造成的衝擊，也撼動了尼古拉二世領頭的俄羅斯政府。為了解決愈演愈烈的罷工運動，西元一九〇五年二月，沙皇頒布敕令，宣布政府將會商量個人和團體提出的建議，並賦予人民可以選出代表參與國會討論的權利，才終於安撫了貴族和人民。

可是同年的五月，波羅的海艦隊戰敗的消息傳回國內後，沙皇的權威頓時蕩然無存。波蘭爆發大規模的獨立運動，黑海艦隊的波坦金號戰艦甚至還發生士兵暴動的消息。

俄羅斯在日俄戰爭的敗北，使得農民的動亂更為激烈，政府不得不接連派出軍隊鎮壓。而在都市工人當中，最活躍的人物是在十月十三日，以聖彼得堡工人代表蘇維埃的名義起草宣言的托洛斯基（Лев Давидович Троцкий）。

當大臣威特結束樸茨茅斯的和談會議，從英國歸國後，尼古拉二世接受他的建議，在十月十七日發表了《十月詔書》這份詔書承諾了人民的人身、宗教信仰、言論、集會與結社的自由，並改訂選舉法，召開國會（國家杜馬，Дума）。

十月十八日，威特就任成為俄羅斯帝國大臣委員會主席（相當於首相），正式通過團體結社合法化，廢除罷工參與者的罰則，認可言論、集會、結社自由。這項政策得到大多數市民和資本家的支持，於是大規模的革命運動才漸趨落幕。

然而同年十二月，莫斯科的工人在工廠和大街上搭建路障，要求政府改善勞動條件，但卻遭到軍隊攻擊，傷亡和被捕者多得不計其數。

從年初的「血腥星期日」事件、日俄戰爭敗北，直到年末的蘇維埃起義失敗，西元一九〇五年就在動盪中劃下句點。

這一年，致力於建立以市民代表為中心的政治制度，同時訴求依據憲法規範沙皇職責，確實履行議會政治的勢力，共同組成了立憲民主黨，成員主要是以學者等知識分子為主。另一方面，都市裡的富裕階級和地主等人，則期望透過《十月詔書》揭示的政治原則來經營、維持國家，於是便另外組成十月十七日同盟（簡稱十月黨，Октябристы）。

不留商量餘地的憲法

西元一九〇六年二月至三月期間，俄羅斯舉行第一場國會（杜馬）議員選舉。但是沙皇不希望工人加入議會，便將選舉法相關規章修訂成不利於工人的條件，使得土地所有者的一票相當於市民的三票、農民的十五票、工人的四十五票，變成不平等的法律。

農民票之所以比工人票更具有價值，是因為尼古拉二世認為農民多半留戀古老傳統的社會，應該不會喜歡急劇激烈的改革。

在實際的選舉過程中，政府甚至干涉選務作業，導致人民無法進行不記名的自由選舉活動。布爾什維克於是聲言抵制選舉，孟什維克最後則是拒絕投票；社會革命黨不僅抵制，還發起示威抗爭。

最後，贏得這場國會選舉的是立憲民主黨，還有以民粹派相關人士為主要成員的特魯多維克黨（意即「勞動團體」）。

由於國會裡反政府勢力、自由主義勢力占多數，所以沙皇和其側近在開會前先行修改了制度，將選舉中當選的議員組成的杜馬列為下議院，十九世紀以來始終輔佐沙皇的帝國議會則是上議院。

上議院的職務，是在下議院和沙皇出現對立時負責出面調停。而且帝國議會的議員幾乎都是身為大地主的貴族。

西元一九〇六年四月，俄羅斯就在這樣的局勢下

當時的日本

日本在1906年（明治39年）頒布了鐵道國有法。這項法規除了傳統的官營鐵道路線外，也將其他17家大型私有鐵路國有化，組成「日本國有鐵道」。這些鐵道路線在二戰以前統一是由鐵道省管轄，所以又稱作省線。

頒布第一部憲法。雖然國民要求政府召開憲法制定會議，卻遭到否決。最終，憲法以沙皇頒布給國民的形式誕生。這部憲法後世稱為《俄羅斯帝國基本法》。

帝國憲法的內容全部都是由政府決定，例如第一條是「俄羅斯是統一不可分割的國家」，第三條「俄羅斯語為全國通用語言」，第七條「皇帝陛下須與帝國議會（上議院）、杜馬（下議院）合作，行使立法權」等等。

君主立憲制是透過形式上的選舉，選出議員參與政府中樞的決策。可是憲法第四條卻規定「根據神的旨意，俄羅斯沙皇擁有至高無上的絕對權力，人民必須心懷敬畏並衷心服從」。顯然即便在憲法的規範下，沙皇依然能實行獨裁專制。

斯托雷平的領帶

威特因為制定憲法而更能體會國民的立場，於是請辭首相的職務。新任首相由戈列梅金（Горемыкин）出任，而擔任內務大臣的斯托雷平（Столыпин），期望通過農民地位與經濟的改善，促進俄羅斯恢復穩定，於是開始推行土地改革。

然而不僅反對改革者為數眾多，革命活動也依然頻繁，於是斯托雷平陸續處死所有反對改革的人與革命黨人，幾個月便絞死數千人，因此絞刑用的裝置便稱作「斯托雷平的領帶」。

四月二十七日召開的第一屆杜馬，在土地問題上無法得出共識，只持續兩個多月便解散。

斯托雷平後來透過選舉成為首相，他趁著閉會時期頒布農民退出村社敕令，並開始實行。這是自一八六一年解放農奴以來，政府首度針對俄羅斯長久以來始終懸而未解的問題正式提出解決之道。

不過，斯托雷平的土地改革，並不是為了滿足在民粹派運動和「血腥星期日」事件後百姓最關注的提高農民地位、保障其自由的訴求。

改革最大的重點，是以農民自由作為名目，試圖解散在農奴解放令後，仍持續將農民束縛在土地上的農村公社（общи́на，或稱米爾〔мир〕）。

徒有虛名的杜馬

西元一九〇七年，第二屆杜馬召開，這一次增加了社會革命黨和社會民主黨的議員席次，反沙皇獨裁體制的改革勢力成了多數派。

有鑑於此，沙皇政府便對外放出風聲，謠傳改革勢力企圖顛覆國家，並且還逮捕改革勢力的議員，明顯加強對國會的控制力。因此議會衝突不斷，斯托雷平決定快速解散杜馬。

如今，杜馬徒有虛名，根本無法制定新的法律。

當時的日本

1907年（明治40年），日本和俄羅斯簽訂了日俄密約。根據這份條約，日本承認俄羅斯在外蒙古的權益，而俄羅斯承認日本在朝鮮的權益。但是到了1917年（大正6年）俄國革命爆發後，這份條約便遭到廢除。

同一年，俄羅斯召開第三屆杜馬。選前由於選舉法經過修正，支持沙皇專制的十月黨（十月十七日聯盟）取代了馬克思主義者集結的俄羅斯社會民主工黨，掌握主導權。新一屆的杜馬就在首相斯托雷平的領導下，實現了土地改革。

但是，關於都市工人的勞動環境與待遇改善，以及地方行政相關的改革案，由於帝國議會和杜馬的立場大不相同，雙方意見分歧。斯托雷平便決議杜馬休會，並且趁休會期間以沙皇敕令的方式頒布法律。然而，斯托雷平強行立法的行事作風引發民怨。一九一一年，斯托雷平在歌劇院遭到暗殺，不久後便身亡。結果，第三屆杜馬只能以閉會解散作收。

隨後的第四屆杜馬（一九一二～一九一七年），雖然增加了幾位保守穩健派的議員，但是俄羅斯社會民主工黨依然獲得了十四席。這一屆的杜馬從保守到革新勢力之間毫無建立共識的可能，結果未能得出新的施政方針便黯然閉會。

西元一九一三年，是羅曼諾夫王朝成立的三百週年，然而此時沙皇尼古拉二世早已失去了國家的領導力。由於治好皇儲的血友病而獲得皇后信賴的癲僧拉斯普丁（Распутин）干政，此後俄羅斯的政治局勢變得更加混沌迷離。

祕密專欄

運動員輩出的體育大國

花式滑冰的國家級支援體制

擅長冰上運動的俄羅斯，最受歡迎的項目是冰上曲棍球和花式滑冰。俄羅斯同時也是韻律體操的強手，亦是芭蕾舞大國。除此之外，足球、冬季兩項（越野滑雪和射擊）、排球與籃球，也都是俄羅斯國內廣受歡迎的運動項目。

在爆發革命以前，俄羅斯的運動便已經有了長足的發展，諸如自行車、划船、網球、滑雪、田徑、足球等項目，都成立了全國性的組織。

俄國革命後，政府制定了運動能力檢定制度「GTO綜合表現」（GTO complex），使得運動變得更大眾化，專業運動員的體系也規劃得十分完善。

在第二次世界大戰過後，蘇聯陸續頒布多項運動相關的政策，開始邁向稱霸世界的道路，在奧運奪牌方面也展現出優秀的成績。

阿麗娜・扎吉托娃

葉甫根尼・普魯申科

在各種運動賽事之中，又以花式滑冰為最，更孕育出多位十幾歲便活躍世界的年輕選手。能夠培育出如此多的頂尖運動員，得益於俄羅斯有完善的練習與生活環境，以及教練等支援組織。

比如花式滑冰的專用練習設施，不只有上課用的學校，還有訓練設備、舞蹈室、醫療設備，培育選手所需的場地一應俱全，因此選手可以專心練習。

俄羅斯為了在奧運奪牌，還會動用國家力量徵召旅外教練，為國家隊效力。

每一對滑冰雙人組都有各領域的專家貼身規劃訓練。正因環境嚴苛，才得以接連孕育出多個國際級的天王和天后。

耐人尋味的俄羅斯偉人⑤

理性抵抗日軍包圍戰的司令官

斯特塞爾

Anatolii Mikhailovich Stoessel

（1848～1915）

與乃木大將的會面，譜成日俄戰爭的名曲

斯特塞爾是在日俄戰爭期間，對抗日軍包圍旅順要塞的俄羅斯將軍。

1903年，他奉命擔任旅順基地的司令官，在1904年開戰的日俄戰爭中，斯特塞爾遭到乃木希典將軍指揮的日軍包圍，他率軍頑強抵抗，造成日軍非常大的傷亡。

日軍包圍旅順7個月後，斯特塞爾認為戰爭無法再持續下去，遂於1905年1月1日投降。他簽訂開城條約時與乃木將軍的會面，甚至還譜寫成日本尋常小學校的歌曲《水師營會見》，「敵方將軍斯特塞爾　與乃木大將會見之　場所何在　水師營」等1～9段的歌詞在日本廣為傳唱。

但是，斯特塞爾當時其實還具備防禦能力，卻選擇不戰而降，因此遭到軍法會議審理，被判死刑；之後減刑為入獄十年，最後於1909年獲得尼古拉二世特赦。

chapter 6

俄國革命

要奪取黑海嗎？

第一次世界大戰爆發之前，俄羅斯和英國、法國、德國等歐洲列強的關係其實並不差。俄羅斯和法國是同盟，又和英國成立協約以避免雙方衝突，與德國的穀物貿易往來也十分熱絡。俄羅斯自然也希望這樣穩定的國際外交關係能夠一直持續下去。

然而在這個時代，歐洲列強極力追求開拓殖民地和掠奪新領土，和平總是無法長久。西元一九〇八年，奧地利藉著奧斯曼帝國發生政變，併吞了波士尼亞和赫塞哥維納地區。儘管俄羅斯對此不滿，也只能點頭承認。

三年後，義大利為了併吞利比亞，而與奧斯曼帝國開戰（義土戰爭）。奧斯曼帝國在戰爭期間，三不五時就會封鎖達達尼爾海峽和博斯普魯斯海峽，不允許船隻通過。

然而，俄羅斯仰賴這條路線出口貨物，因而在戰爭中同樣蒙受龐大的損失，因此逐漸蘊釀出想要直接統治這個區域的龐大野心。

第一次世界大戰的局勢

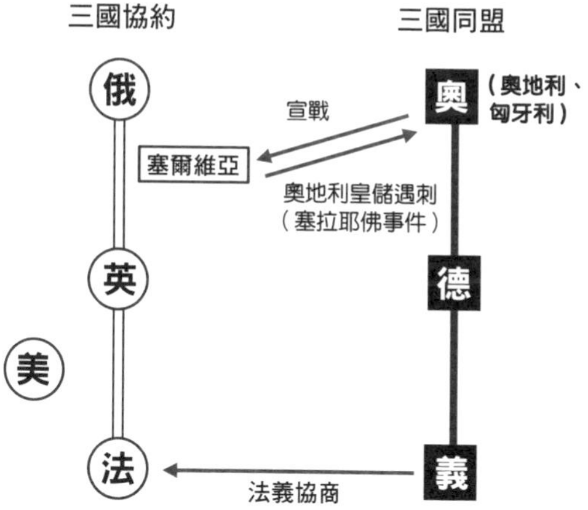

第一次世界大戰爆發

正當巴爾幹半島的局勢持續動盪的一九一四年，就在六月時，波士尼亞的首都塞拉耶佛，發生奧匈帝國的皇儲夫妻遇刺的驚人事件。

暗殺事件的兇手是一名塞爾維亞青年，因此奧地利認為「塞爾維亞政府涉有重嫌」，便以強硬的姿態對塞爾維亞下達最後通牒。塞爾維亞政府拒絕部分條件，但眼看與奧地利開戰已無可避免，只好轉而向求助俄羅斯。

與此同時，法國與關係原本就很惡劣的德國，兩國間的對立愈發深刻，於是同樣希望俄羅斯參戰。奧地利也請求德國備戰，三國同盟與三國協約終於發展成正面對決的局勢。

七月二十日，尼古拉二世宣讀開戰詔書，號召全國人民為了俄羅斯的名譽和尊嚴、為保全領土而戰。俄羅斯社會上下隨即瀰漫著一股「舉國作戰」的氛圍，打著愛國名義的示威活動甚至攻進了德國人經營的商店和駐俄大使館。

原本召集罷工的工人也陸陸續續回到工廠，開始生產戰爭用的物資。國會杜馬中反對戰爭的布爾什維克和孟什維克也退出議會，以表抗議，其他黨派則是贊成開戰。不僅如此，有鑒於首都「聖彼得堡」之名帶有濃烈的日耳曼色彩，也乘此風潮改名為「彼得格勒」（Петроград）。

戰爭爆發的初期，在東部戰線，俄國下令全國總動員後，率先向奧地利的領土進攻，暫時取得了優勢；可是就在德軍從西線調兵回援東部前線後，戰場情勢頓時逆轉。八月，俄軍在坦能堡戰役大敗。隨著戰爭逐漸白熱化，俄軍的兵員和彈藥等物資補給更加困難，當戰爭確定要一路打到酷寒的冬季時，士兵的士氣也明顯變得低落。

俄羅斯在與德奧的對峙中一直處於劣勢，導致軍中幹部互相推卸責任，甚至還有人被誣賴為間諜而蒙受迫害，無論是軍隊還是國家機構全都陷入一片混亂。不僅如此，俄羅斯還強迫國內受到統治的少數民族出征，或是推出政策抑制他們發起叛亂。

作為俄羅斯前線戰場的波蘭，因為過去曾經遭到俄羅斯、奧地利和德國（當時的普魯士）三國瓜分領土，所以俄羅斯難以要求當地的波蘭居民協助作戰。從波蘭的立場來看，人民的目標是獨立，一旦捲入戰爭就不可能確保統一了。

然而，俄羅斯政府仍希望得到波蘭人的支援，因此便向他們保證會幫助被德國和奧地利瓜分的波蘭領土獨立，並允諾波蘭日後在俄羅斯帝國的治下將擁有自治權。

當時的日本

坦能堡戰役爆發的1914年（大正3年），日本發生二戰前最大宗的賄賂醜聞西門子事件。德國企業西門子為了得到有利於投標簽約的資料，賄賂了日本海軍高官。當時執政的山本內閣被追究責任而引咎總辭。

可是另一方面，俄羅斯卻也強迫波蘭加利西亞地區的居民改宗東正教會，而且唯恐猶太人「成為奧匈帝國的眼線」，所以對他們施行非常嚴厲的打壓政策，企圖迫使猶太人搬離。

全面動員作戰！

俄羅斯必須在屈居劣勢的不立條件下進行長期戰，於是在國內下令實行經濟政策。失去出口國的穀物價格一旦下跌，農民生活就會遭殃，所以便改成由政府統一定價、強制販售。

此外，為了確保武器穩定生產，政府規定全國工人都必須投入生產線；為了運送燃料和糧食，也整頓出完善的戰時經濟統制體制。

第一次世界大戰並不只是戰場上的戰鬥，對各國的政治和經濟也造成了很大的影響。尤其是戰爭時期拉長後，不再可能只靠軍人作戰，需要動員工人和農民上戰場；而軍需工廠也需要婦女投入增產，最後便會演變成動員全國的總體戰。

西元一九一五年，尼古拉二世宣布要親自上戰場指揮作戰，但是眾大臣卻大力反對，理由是皇帝冒然離開首都，就無人願意聽從政府的領導，可能引發政變。即使如此，尼古拉二世依然力排眾議，罷黜原先的俄軍總司令，取回軍中最高總司令的權力。

可是，尼古拉二世的一舉一動，其實都深受拉斯普丁的影響，連國會也開始有議員公然抨擊拉斯普丁。西元一九一六年十二月，拉斯普丁遭到朝中的親王、大公與議員合謀暗殺而身亡。

社會主義者打什麼仗！

西元一九一二年，布爾什維克在獨自召開的集會上，由列寧領導的勢力組成了獨立的政黨。

第一次世界大戰爆發時，列寧想

不透戰爭發生的理由，反思自己並沒有充分學好經濟和社會在內的歷史知識，便開始著手研究帝國主義。西元一九一七年，他出版了著作《帝國主義是資本主義的最高階段》。

當時，歐洲各國的社會主義政黨在戰爭爆發後，紛紛以「捍衛祖國」為藉口，表態支持戰爭。儘管在一八八九年，分散於各國的社會主義政黨和工會為了跨國合作，共同籌備組成了第二國際，但這個國際組織最終未能達成合作的目標，隨著戰爭爆發而瓦解。

列寧認為，第一次世界大戰不過是各個資本主義國家彼此爭奪利益，根本毫無意義，因此理所當然地批判那些贊成開戰的社會主義者。

正當俄羅斯國內爆發二月革命之際，當時的列寧正流亡瑞士，回國的路線遭到封鎖，不過與俄羅斯交戰的德國還是幫助反對這場戰爭的列寧歸國。這時列寧搭乘的火車是取道瑞典、芬蘭前往彼得格勒，必須通過德國領土，所以列車特意隱藏了乘客的身影，因此又稱作「封閉列車」。

然而，千里迢迢回國的列寧卻被懷疑是德國的臥底，只能再次暫時流亡芬蘭。

給我們麵包！

西元一九一七年一月九日，俄羅斯的首都彼得格勒（一九一四年由聖彼得堡改名）的工人們為記念血腥星期日，發起罷工活動。在戰爭期間，彼得格勒增建更多軍需工廠，在二百四十萬以上的總人口當中，有將近四十萬名工人和近三十萬名士兵。但是，這座面朝波羅的海的城市遭到德軍包圍，無法輸入糧食和燃料。

這場紀念血腥星期日的罷工活動，吸引了許多人潮參加，使得工人團體信心大增，便在召開杜馬的二月十四日再度發起罷工。

在戰爭期間發生罷工，就會造成工廠的產能下降，因此發起罷工的意義雖然重大，但是工人團體的本意並不是想要逼迫杜馬取消運作，他們真正的目的是要求政府召開會進行實質討論的杜馬。

但是，布爾什維克卻反對任何罷工運動，這場活動最終沒有得到任何成效。

隨著戰期拉長，三餐不繼的工人數量陸續增加。二月二十三日，在彼得格勒工廠工作的女工發起了「給我們麵包」的示威活動。

就連男性工人也加入這場示威，到了第三天的二十五日，罷工浪潮已經擴散至整座城市。

就在隔一天，由於部分士兵抗議軍隊朝示威民眾開槍的行徑，於是轉而加入示威的行列。加入示威運動的士兵當中，甚至還有人率領群眾攻擊監獄，釋放關押在裡頭的政治犯。

而這些被釋放的政治犯，有部分人加入以彼得格勒工人為主的「彼得格勒蘇維埃」（編註：全稱為彼得格勒工人與士兵代表蘇維埃，或稱工兵代表蘇維埃）。蘇維埃一詞最早出現在一九〇五年，在一九一七年革命發生以後，便成為俄羅斯革

命勢力集結的主要組織。士兵、農民和工人都分別集結相同性質的群眾，紛紛組織以士兵、農民與工人為名的蘇維埃。

羅曼諾夫王朝的末路

由於示威的規模持續擴大，沙皇尼古拉二世便下令解散杜馬。以原屬杜馬的克倫斯基（Алекса́ндр Фёдорович Ке́ренский）為中心的臨時委員會成立，繼續與革命勢力抗衡。三月二日，以軍中高官和官員為代表的俄羅斯臨時政府誕生。

結果，俄羅斯演變成由工人和士兵組成的蘇維埃，與臨時政府兩個權力機構共同存在。雙方勢均力敵，彼此爭奪政府的領導權，因此這個「雙重權力」並存的時代持續了一段時間。

臨時政府在成立的隔天，立即發表了國會的基本方針。內容包括特赦政治犯，承認言論、出版與集會的自由，保障結社權和罷工權，以及徹底消除基於身分、宗教和血統的歧視政策。

翌日，尼古拉二世遜位，可是他指名繼任沙皇之位的米哈伊爾大公（Михаил Александрович，亞歷山大三世之子，尼古拉二世的弟弟）拒絕接受，於是擁有傲人三百年歷史的羅曼諾夫王朝，終於在此時畫下句點。

就讓戰爭結束吧

雖然一九一七年的革命終結了俄羅斯的沙皇獨裁體制，但戰爭仍持續延燒。然而「臨時政府」和「彼得格勒蘇維埃」對拖延已久的戰爭，卻抱持截然不同的態度，種下日後混亂的因子。蘇維埃的士兵和工人盼望戰爭能及早結束，就連以德國為主的敵國工人也呼籲它們的政府結束戰爭，宣稱雙方應展開無賠款、無併吞的和談。但是，為了保住革命創造出來的社會主義政權，臨時政府只接受防衛性的作戰策略。

另一方面，臨時政府也遵守與英國、法國等協約國簽署的協定，表明會投入作戰到最後一刻。而這個決議也引來蘇維埃的反彈聲浪，堅決不認同為擴張領土而發起的戰爭。

臨時政府根據「不併吞任何國家和地區，各地民族自決」的方針，與協約國展開談判，同時也表態會完整履行身為協約國一員的義務。

但是，臨時政府卻對國內宣傳不要求賠款，但在國際外交場合上卻對德國提出強硬的要求，行為顯然自相矛盾。

西元一九一七年四月，為了解決這個問題，擔任臨時政府司法大臣的社會革命黨員克倫斯基，不斷在蘇維埃和臨時政府之間斡旋，成功避免了雙方衝突，化解危機。

就在思維迥異的臨時政府和蘇維埃維持合作關係時，布爾什維克黨開始有了動作。

四月三日，列寧從瑞士歸國，他發表了「推翻臨

當時的日本

1917年（大正4年），東京主辦第三屆遠東運動會，東京高等師範學校足球部以日本代表隊的身分，對上中華民國代表隊。這場比賽是日本足球的第一場國際賽事，結果以0比5慘敗。不過就大會整體表現而言，日本依然拿到了綜合冠軍。

時政府、由蘇維埃全權治理國家」的基本方針（四月提綱）。身為多數派的布爾什維克雖然以此為黨綱，但這在蘇維埃內卻是屬於少數派的意見。

與此同時，克倫斯基開始準備號召動員反攻德國，但是不想繼續打仗的士兵卻絲毫不理會「重啟攻勢」的命令。到了七月，士兵和工人發起示威，要求政府履行「無賠款、無併吞」的和談。

臨時政府認定這場示威是由列寧主導的布爾什維克黨的陰謀，因而下令以武力鎮壓這場示威，並且逮捕了布爾什維克黨的中心成員托洛斯基，於是列寧只得再次流亡。

不過，蘇維埃的主流派、臨時政府的社會革命黨，以及孟什維克的民主派等勢力，也並非完全不承認布爾什維克黨的存在。

在這樣眾多派系且意見無法統合的情況下，臨時政府組成第三次內閣。保守派的科爾尼洛夫（Корни́лов）和社會革命黨的克倫斯基，針對反抗政府的士兵處置問題，兩派爆發激烈的衝突。

這次衝突結果由保守派的科爾尼洛夫占據優勢，因此克倫斯基便開始接近蘇維

1917年的俄羅斯國內情勢

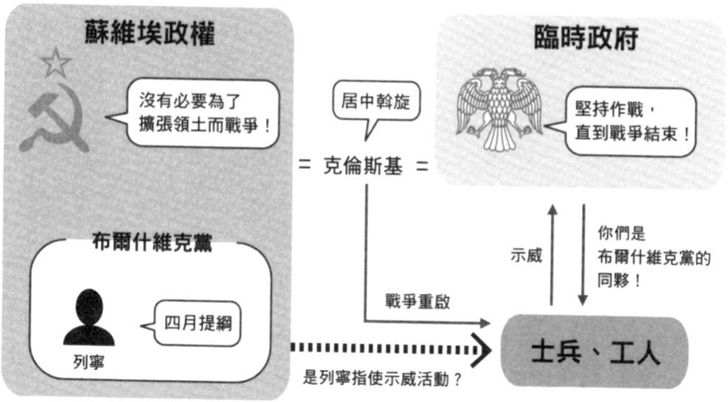

埃，而蘇維埃也支援克倫斯基，發起反科爾尼洛夫運動。

八月二十五日，科爾尼洛夫計劃建立獨裁政府，他集結反革命派的軍人，企圖發起軍事政變，但布爾什維克黨阻止了科爾尼洛夫的攻勢，並且將其逮捕。

臨時政府倒臺

在臨時政府的第三次內閣初建時期，發生了農民放火焚燒地主宅邸的暴動。相對於蘇維埃政府獲得愈來愈多農民和工人的支持，臨時政府卻束手無策，無法有效地收拾局面。另一方面，以農村為支持基本盤的立憲民主黨，由於不在閣員名單內，導致臨時政府的權威更進一步低落。

即使如此，臨時政府仍導入了責任內閣制（由議會中席位占多數的政黨組織內閣，以議會為主推動政策的政治體系），展現出企圖改革議會的風範，組成第四次內閣。然而，此時的臨時政府已經沒有執行實質政策的力量了。

同一期間，蘇維埃則是繼續為未來鋪路。流亡在外的列寧提議發動武裝政變，推翻臨時政府，由布爾什維克黨掌握大權，但是中央委員會多數的資深幹部並沒有立刻同意這個作法。

推翻臨時政府的籌備工作，是以托洛斯基為核心人物來進行。十月十二日，托洛斯基等布爾什維克黨以「武裝起義不可避免，時機已然成熟」為名義，在彼得格勒建立軍事革命委員會，並在此成立軍隊的司令部。這個委員會的主要成員包含布爾什維克黨和社會革命黨的左派（激進派），他們派出軍事專家到首都的各個部隊，將它們逐漸併入蘇維埃的管轄之下。

面對蘇維埃這些明顯的舉動，臨時政府在十月二十四日下令展開攻擊，但首都內的重要戰略據點早已落入布爾什維克黨的掌控，臨時政府只能死守宮殿。

翌日，克倫斯基搭上美國大使館的車，狼狽地逃出俄羅斯，後來流亡至法國，權威蕩然無存。西元一九四〇年後，他移民前往美國。

蘇維埃政權誕生！

十月二十五日，軍事革命委員會高調宣布「臨時政府垮臺，由委員會掌控國家大權」。這一天晚上，成員召開蘇維埃代表大會，討論各自後續的動向。反對動用軍隊發動政變奪權的孟什維克，以及社會革命黨等思維保守的右派，都在開會後表明退場。

剩下以布爾什維克黨為主的六百多名議員，採取了蘇維埃政權的基本思維，頒布「和平法令」和「土地法令」。

法令的具體目標，包含了以對等立場與各國進行民主和談，即時停戰；而在國內政策方面，則是沒收領主的土地，將必須絕對服從上級命令的軍隊改造成能夠傾聽基層士兵意見的民主化部隊。另外也要召開制憲會議，確保麵包（糧食）的供給，承認民族有自行決定國家未來的權利。順便一提，在這個階段其實還沒有出現「社會主義」這一說法。

布爾什維克黨在召開制憲會議時，組成「臨時工農政府」，並提議設立「人民委員會」。

但是，社會革命黨卻駁回這項提議。結果，列寧成為人民委員會的領袖，托洛斯基則擔任外交人民委員，史達林（Иóсиф Виссариóнович Стáлин）擔任民族事務人民委員。相當於國會的人民委員會，就是布爾什維克黨的獨立政權。

社會主義與共產黨

十一月十二日，橫跨歐洲到西伯利亞的俄羅斯全國，召開了史上第一場制憲會議的議員選舉。

這場選舉的投票率有百分之五十，獲得全體百分之四十支持率的社會革命黨成

布爾什維克黨的獨裁統治

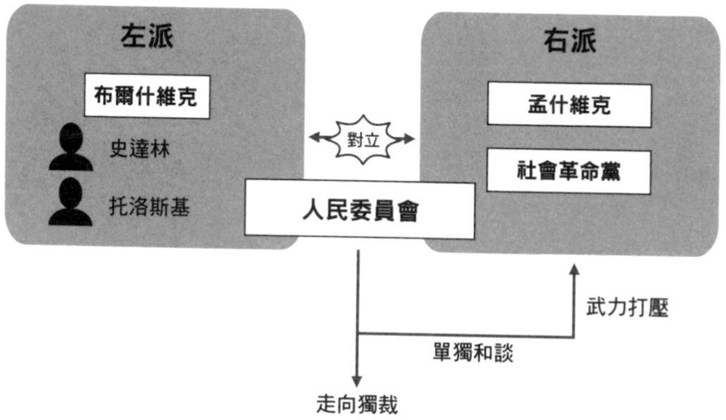

為第一大黨；布爾什維克黨則拿到百分之二十四的支持率，為第二大黨。可是綜觀俄羅斯全土，布爾什維克黨的支持者卻是占壓倒性的多數。

在西元一九一八年一月五日召開的制憲會議上，主席是由社會革命黨的切爾諾夫當選，但是布爾什維克黨卻宣布要解散會議，不參加審議並直接退場。

緊接著在十日召開的第三屆工農蘇維埃代表大會上，布爾什維克黨通過「被剝削勞動人民權利宣言」憲法法案，列寧更宣布俄羅斯成為「蘇維埃社會主義共和國」。

此舉高揭社會主義的名號，確立了新

的國家方針，儼然宣示布爾什維克黨的勝利。不僅如此，「被剝削勞動人民權利宣言」也成為同年七月頒布的憲法導言。

西元一九一八年的春天，布爾什維克黨在黨大會上，將俄羅斯社會民主黨更名為「俄羅斯共產黨」，並正式定國名為「俄羅斯蘇維埃聯邦社會主義共和國」。這意味著俄羅斯是實踐社會主義的國家，而領導國家的是「共產黨」。共產主義社會，代表人民必須實現「只按需求工作，只按需求領受」的理想。

但是，共產社會不可能一朝一夕成立，而社會主義正是邁向共產社會的過渡。

紅軍誕生

布爾什維克黨強化獨裁權力的同時，對外也開始與德國展開和平協商。然而黨內部仍有反對協商的聲浪，而且外國也開始批評俄羅斯的革命行動。

在這樣的狀況下，一九一八年一月，俄羅斯蘇維埃政權繼承了在十月革命的過程中形成的工人武裝組織「赤衛隊」，並改組成紅軍。紅軍的目標是保衛蘇維埃的權力，支援歐洲各地的革命。可是在當時俄軍因為革命之故，幾乎無法發揮原有的能力。

到了二月，俄德兩國的和平協商仍然沒有得出共識，德軍開始入侵俄羅斯，因此列寧主張和談，接受德國提出的承認芬蘭獨立、高額賠款等條件，最終雙方簽訂《布列斯特－立陶夫斯克條約》。

之後，紅軍採徵兵制，在托洛斯基的領導之下，軍隊逐漸完善了裝備，實力變得更加堅強。

此外，蘇俄從一九一八年開始採用格里曆（即現在的西曆），將這年的二月一日定為二月十四日。本書是根據俄羅斯帝國於一七〇〇年開始採用的舊曆，來稱呼一九一七年發生的兩場革命為「二月革命」與「十月革命」，不過換算成西曆的日期後，它們分別是「三月革命」和「十一月革命」。

沒有糧食！

對蘇維埃政府來說，若要持續與外國軍隊和國內的反政府勢力作戰，最大的問題依舊是社會和經濟將陷入停擺。經營工廠的布爾喬亞（資產階級）不願意協助革命政府，握有土地的農民也不讓糧食流通至都市。儘管布爾什維克黨大權在握，國家營運也是窒礙難行。

一九一八年的春季到夏季，市面上再也沒有糧食流通了。在戰亂持續不休的局勢下，政府下令將絕大多數的工業設施都收為國家集中管理；農民只能保留自己食用的糧食，其他全部的穀物都必須上繳給國家，由國家統一發放。糧食配給制就此開始。

一九二〇年，全國農產歉收，愈來愈多國民飢餓

當時的日本

1918年（大正7年）8月，日本宣布要和美、英、法三國共同出兵西伯利亞，目的是武力介入俄國革命。聯軍從符拉迪沃斯托克登陸後，在西伯利亞駐軍，一直到1922年撤出。日軍的死亡人數多達3000人，戰爭支出更攀升到10億日圓。

難耐。糧食被強制徵收的農民，以及內戰後依然沒有被賦予自由的士兵，雙雙發起了暴動，但這些反動浪潮都遭到政府鎮壓。

巨大的矛盾

西元一九二一年，蘇維埃政府在第十次全國代表大會決議通過開徵糧食稅，開放農民只要繳稅，就能任意運用手邊多餘的穀物。這就是新經濟政策（НЭП）。

而在工業方面，政府解除部分小型企業的國有化，允許它們轉變為私人企業；至於中、大型企業，也得以採用獨立核算制。

在經濟逐漸復甦的同時，農村裡出現富農（кулáк），開始哄抬穀物的價格；都市裡則出現從事商業活動的奈普曼（нэпман，意思為新經濟政策的嗜好者），他們的職業是在零售商、國營工廠和市場之間擔任仲介，對經濟成長貢獻良多。

但是，以社會主義為終極目標的國家，卻實行背道而馳的資本主義政策，這無疑是巨大的矛盾。共產黨員為了解決這個疑慮，於是重新編組了共產黨組織。

秘密專欄

俄羅斯的飛地

曾是德國據點的加里寧格勒

波羅的海東南岸坐落著德國、波蘭、波羅的海三國，在這幾個國家之間有兩處屬於俄羅斯的領土。一處位於涅瓦河下游，那裡有俄羅斯的第二大城聖彼得堡；另一處則是加里寧格勒州（加里寧一名取自蘇聯國家元首米哈伊爾・加里寧），四周圍繞著波蘭和立陶宛，是俄羅斯的飛地。

德國人過去來到加里寧格勒的周邊建立據點。中世紀的漢薩商人通過這裡前進波羅的海，隨後更多人向東境拓展，當中也包含期望傳播基督教的條頓騎士團。由這些德國人歷經數代費心建設的據點，正是柯尼斯堡（Königsberg，意即「國王之山」）。

條頓騎士團雖然勢力強大，但是在十五世紀卻敗給了崛起的波蘭與立陶宛聯邦，成為其附庸。

加里寧格勒的位置和城區

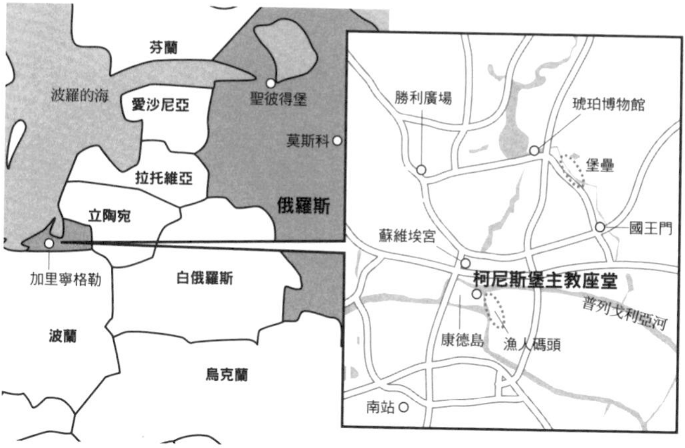

繼承條頓騎士團團長的霍亨索倫家族，在十七世紀脫離波蘭獨立，十八世紀成立普魯士王國，反向壓制了波蘭，最終和奧地利、俄羅斯一同瓜分波蘭。普魯士的領土從德國的東部，涵蓋到柯尼斯堡和波羅的海沿岸。

第一次世界大戰結束後，獨立的波蘭收復了領土，而柯尼斯堡周邊則成為東普魯士的貿易中心地區。

然而，第二次世界大戰晚期，柯尼斯堡遭到蘇聯占領，周邊地區也在戰後一併割讓給蘇聯。西元一九四六年七月，柯尼斯堡改名為加里寧格勒。即使在蘇聯解體後，這片土地依舊屬於俄羅斯。

俄羅斯帝國傳說中的末代公主

安娜塔西亞

Anastasia Nikolaevna Romanova

（1901～1918）

祕密處決的公主其實還活著？

20世紀堪稱最著名的神祕事件，就是以「倖存傳說」聞名的俄羅斯公主安娜塔西亞。

安娜塔西亞是俄羅斯帝國的末代皇帝尼古拉二世最小的女兒，她在17歲那年和全家人一同遭到處死。事情起因於俄羅斯輸掉了日俄戰爭，尼古拉二世的權威蕩然無存，後續引發了俄國革命。革命後，尼古拉二世與妻子、包含安娜塔西亞在內的5個孩子，遭到列寧率領的布爾什維克政權軟禁，並於1918年7月全數槍斃。他們的僕人和主治醫師也被殺害，遺體全部在行刑後立即掩埋。

根據後來的遺骸DNA鑑定結果，證實安娜塔西亞已經遇害死亡。但是，「安娜塔西亞還倖存」的傳聞依舊在各地流傳開來，甚至也有自稱本尊的人現身說法。依據這則生存傳聞而改編的動畫電影《真假公主——安娜塔西亞》在1997年上映後相當賣座。

chapter 7

蘇聯的時代

蘇聯的由來

十月革命讓羅曼諾夫王朝的帝國垮臺以後，其政權下的各個民族紛紛開始發起獨立運動。它們一旦獨立，俄羅斯的領土和人口就會減少，這並不是什麼好事。因此，俄羅斯共產黨派出紅軍打壓獨立運動，以民族的名稱建立了「蘇維埃共和國」。而這些共和國統整而成的「蘇維埃社會主義共和國聯盟」（簡稱蘇聯），從西元一九二二年開始運作。聯盟是指多個獨立政治團體合併而成的體制，蘇聯是由多個「蘇維埃社會主義共和國」組成的聯邦國家，中心就是俄羅斯蘇維埃社會主義共和國。

在蘇聯成立之初，除了俄羅斯以外，還有烏克蘭、白俄羅斯、外高加索這四個蘇維埃社會主義共和國成立，後來又有愈來愈多加盟國，最終共有十五個國家。

蘇聯的政黨只有俄羅斯共產黨（一九五二年起改名蘇維埃共產黨）。這種政治體制在政治術語中稱作一黨獨裁，但因為獨裁這個詞的含義多為負面，所以蘇聯為了如實反映十五個蘇維埃共和國的意見，經過討論以後，最後定調由唯一的政黨俄羅斯共產黨負責領導、經營國家。

一九一九年，蘇聯完成了社會主義國家的建設，為了推動因俄國革命成立的社會主義體制防衛措施和世界革命，組成了總部位於莫斯科的共產國際（第三國際）。

國家領袖是總書記

決定國家的發展方向、討論審議法案的機構，是每五年舉辦一次的「黨代表大會」。而在黨代表大會中當選的中央委員必須參加「中央委員會」，中央委員會的決定，會下達各個共和國及其下的州、市等黨委員會。中央委員會的最高職位則是「總書記」，在蘇聯時代，共產黨的總書記就是最高權力者。

黨代表大會的參加者有企業、設施、軍隊、蘇聯集體農莊等等，只要有黨員的推薦，十八歲以上的人都可以加入共產黨，年輕黨員都會編入蘇聯列寧共產主義青年團（蘇聯共青團）。

黨員人數占人口總數的一成多，主要職業可分為共產黨職員、工人（皆占四成

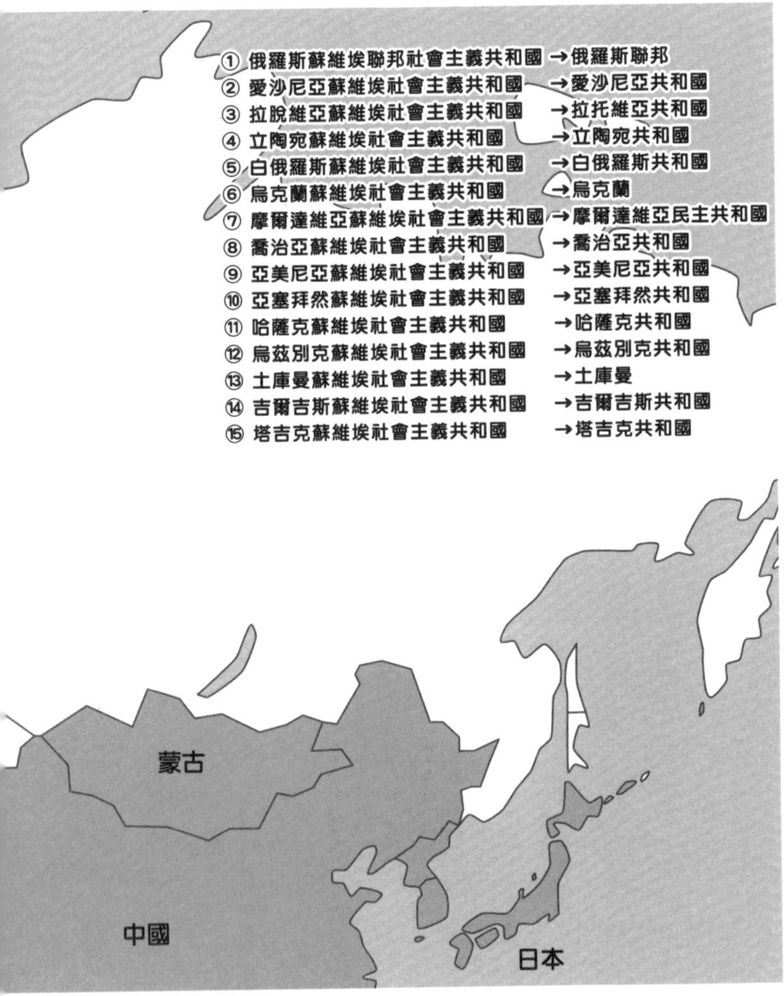

① 俄羅斯蘇維埃聯邦社會主義共和國 →俄羅斯聯邦
② 愛沙尼亞蘇維埃社會主義共和國 →愛沙尼亞共和國
③ 拉脫維亞蘇維埃社會主義共和國 →拉托維亞共和國
④ 立陶宛蘇維埃社會主義共和國 →立陶宛共和國
⑤ 白俄羅斯蘇維埃社會主義共和國 →白俄羅斯共和國
⑥ 烏克蘭蘇維埃社會主義共和國 →烏克蘭
⑦ 摩爾達維亞蘇維埃社會主義共和國 →摩爾達維亞民主共和國
⑧ 喬治亞蘇維埃社會主義共和國 →喬治亞共和國
⑨ 亞美尼亞蘇維埃社會主義共和國 →亞美尼亞共和國
⑩ 亞塞拜然蘇維埃社會主義共和國 →亞塞拜然共和國
⑪ 哈薩克蘇維埃社會主義共和國 →哈薩克共和國
⑫ 烏茲別克蘇維埃社會主義共和國 →烏茲別克共和國
⑬ 土庫曼蘇維埃社會主義共和國 →土庫曼
⑭ 吉爾吉斯蘇維埃社會主義共和國 →吉爾吉斯共和國
⑮ 塔吉克蘇維埃社會主義共和國 →塔吉克共和國
蒙古
中國
日本

15個蘇維埃共和國

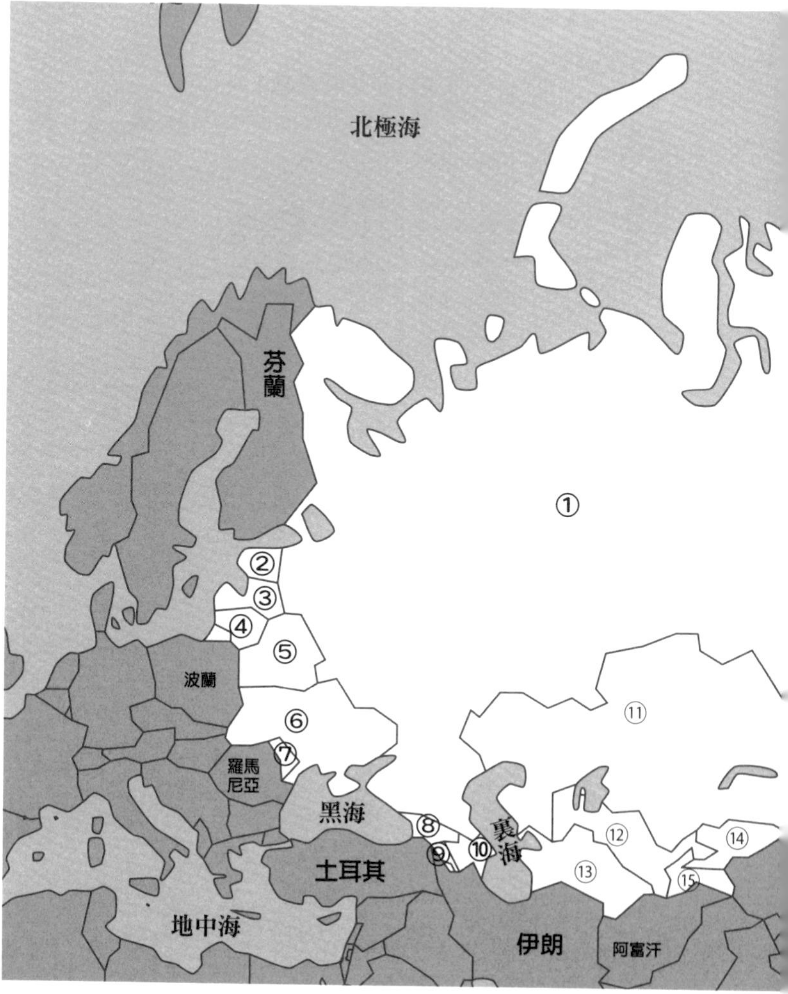

蘇聯的政治體制

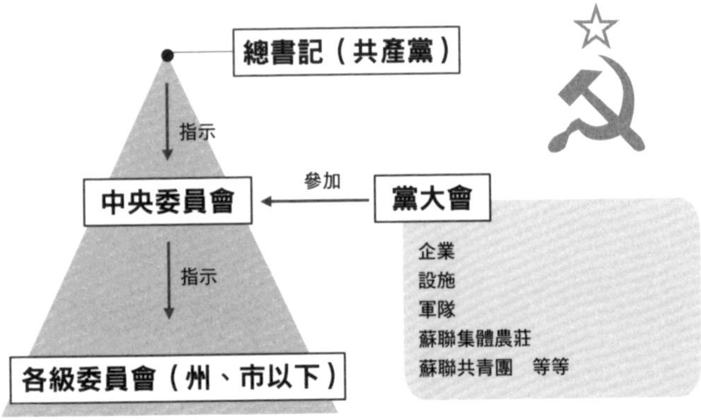

多）、農民（一成多）。

蘇聯認為唯有這種金字塔式的政治體制，才有助於維持國家營運，但是蘇聯幅員廣大，網羅了許多不同生活型態的民族。

而且，蘇聯的政策都直接沿用先例，平民只要完成勞動時間等「生產定額」、就不必再工作的潮流已經普及，這樣下去國家根本無法進步。

這群建立了史上第一個社會主義國家的領導者，也不清楚該如何建設新的國家，畢竟他們無法具體想像現實世界究竟會如何發展。

要一國社會主義，還是世界革命？

一九二二年開始，列寧健康欠佳，臥床療養，自稱是繼承人的史達林就任為總書記。史達林提倡一國社會主義，主張只靠蘇聯一國就能實現社會主義的理想。

相對地，托洛斯基則是提倡世界革命論，主張「即使蘇聯成立社會主義體制，但只要與外國還有關聯，體制便不可能維持。所以我們必須發起世界革命（在全世界掀起社會主義革命）」。

無論是哪一方，蘇聯希望全世界都可以建立社會主義體制。

一九二四年，列寧去世後，史達林鞏固了獨裁體制，在一九二九年將主張永久革命論的政敵托洛斯

當時的日本

1921年（大正10年），皇太子裕仁親王（後來的昭和天皇）遊歷歐洲，費時半年走訪了英國、法國、比利時、荷蘭、義大利等國。這是史上首次有日本皇太子到訪歐洲，因此掀起了國內熱烈的討論。

基流放到國外。

五年計畫

蘇維埃共產黨成立了控制中心——蘇聯國家計畫委員會，負責管理全國工廠的生產量，方便調整全國的工廠和農業產值，避免任何一方發展較為凸出、利益過度集中。

接著，他們啟動了「五年計畫」。這個政策是以每五年為一個階段來決定生產目標，確認是否達成後，再訂立下一個五年計畫，逐步實行下去。

一九二八（官方數字為一九二九）年到一九三二（一九三三）年的第一個五年計畫，重點在於提高鋼鐵、石油、電力為主的工業生產力，達到法國和德國的經濟水準。

一九三三（一九三四）年到一九三七（一九三八）年的第二個五年計畫，目標則放在滿足一般民眾生活所需的鍋碗瓢盆等生活物資的生產，最終也實行成功。

經濟大蕭條？干我屁事

正當史達林開啟「五年計畫」時，全球經濟陷入了嚴重不景氣。

一九二九年十月二十四日，美國紐約華爾街的證券交易所股市大崩盤。第一次世界大戰後，國際經濟情勢的局面是德國支付賠款給英國和法國，英國和法國清償在戰爭中美國提供的貸款。

但是到了一九二〇年代後半，歐洲經濟復甦、農業恢復生產量後，卻也間接導致美國出口量減少，經濟不再繁榮。

與美國關係不睦的蘇聯，當時正在實行一九二八年開始的五年計畫，所以並沒有直接受到世界經濟大蕭條的影響，但他們為了確保資金來源，強制徵

當時的日本

1928年（昭和3年），日本簽署了《巴黎非戰公約》。這是美國、英國、德國、法國等列強都有簽署的國際公約，目的是放棄戰爭。然而，條約中對於戰爭的定義卻非常模糊，因此幾乎沒有發揮效力。

收農民出口用的穀物。另一方面，農民因為田地歉收而生活貧困。一九三二年到一九三三年期間，以烏克蘭為中心的地區，有數百萬農民餓死。

建立在犧牲農民之上的工業化大獲成功，蘇聯透過第一個五年計畫，躍升成為全球數一數二的工業大國。各個資本主義國家也紛紛對政府主導型的經濟政策刮目相看。

戰爭的足音

受到經濟大蕭條深刻影響的一九三〇年代，歐洲正蘊釀著緊張的氣氛。希特勒（Adolf Hitler）在德國建立獨裁政權，又再度開始強化武裝軍備。

希特勒主張，優秀的德國人為了生存下去，需要建立一個「生存圈」，因此打算朝向東歐拓展勢力。

與此同時，英國和法國擔心蘇聯的社會主義體制會向外拓展，所以對德國的擴張行為視而不見。

另一方面，史達林從獨裁統治逐漸晉升到強制人民遵行個人崇拜（將史達林尊崇為偉大的領袖）的程度。參加一九三四年的第十七屆蘇維埃代表大會的一千九百六十六名代議員當中，有一千一百〇八人在往後的五年內，紛紛因反革命的罪狀遭到逮捕，就此消失。在這之後，史達林依然繼續進行這些大整肅。

在一九二四年，英國和法國早已承認蘇聯是國家，直到一九三三年，美國才終於承認蘇聯的國家地位，蘇聯於一九三四年加入國際聯盟。

史達林憲法

一九三六年，蘇聯頒布了史達林憲法，其中包含立法機關承認十八歲以上的男女皆擁有普通選舉權等法條。憲法內容乍看之下十分民主，但實際上，理應通過投票當選的政府成員都是早已內定好的人選。

法國為了戒備德國，在一九三五年簽訂了蘇法互助條約。但是，法國和英國仍對蘇聯抱著質疑的態度。

史達林認為英、法的態度透露出他們未來將會成為蘇聯的敵對勢力，於是考慮親近德國，在一九三九年八月簽署了德蘇互不侵犯條約。看似絕對會開戰互打的蘇聯和德國居然握手言和，令世界各國都跌破了眼鏡。

一不小心就開戰

德國與蘇聯簽訂互不侵犯條約後，隔月即進攻波蘭，英、法兩國向德國宣戰，為第二次世界大戰揭開序幕。

開戰當初，蘇聯的態度相當模糊。他們以前曾和德國約定瓜分波蘭，併吞了波蘭東部。但此時，德國指控蘇聯屠殺波蘭反蘇聯的軍人和知識分子，導致兩國之間留下了疙瘩。蘇聯還與愛沙尼亞、拉托維亞、立陶宛組成的波羅的海三國，簽訂了當彼此遭到他國侵略時必須互相支援的互助條約。

一九三九年，蘇聯入侵芬蘭。由於這是侵犯獨立國家的行為，使得蘇聯遭到國際聯盟除名。

第二次世界大戰的局勢

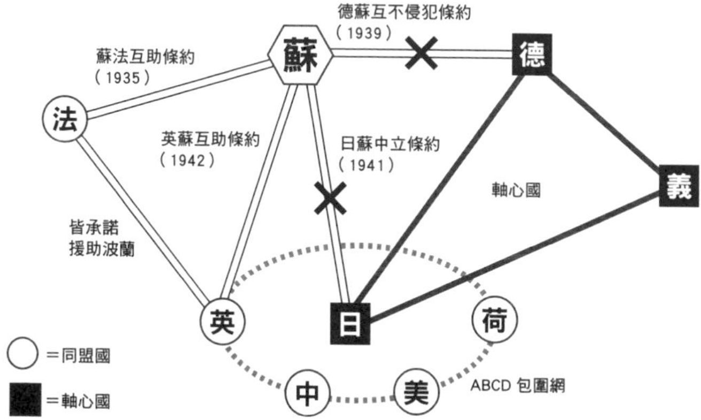

一九四一年六月二十二日，蘇聯終於表態參與第二次世界大戰。但這並不是因為蘇聯進攻他國，而是因為德軍來襲。

史達林太過相信德國簽訂的德蘇互不侵犯條約，結果疏於防備。蘇聯軍也沒能掌握德軍的動向，直到開戰兩小時前，才終於下達作戰的指令。

缺乏準備的蘇聯軍始終遭到德軍壓制，兩個月後只能狼狽地退守列寧格勒（彼得格勒再次改名）和莫斯科。

終於決定開戰的史達林設立了國家防衛委員會，建立總體戰的體制。軍需工廠移到東部，開始增產武器，另外也為了強化運輸而整頓了鐵路網。

在此之前，因為史達林的獨裁政治和大整肅而苦不堪言的蘇聯國民，因為有了戰爭這個目標而得以脫離恐怖統治，全民更加團結一致。不只是對戰爭，他們在工廠和農村等所有地方，都非常熱心埋首於工作。

俄羅斯舉國上下都全力對抗納粹德國，成功守住了國土，因此俄羅斯國內將第二次世界大戰稱作「偉大的衛國戰爭」。

攻陷柏林

列寧格勒圍城戰從一九四一年九月開始，激烈的戰況延燒了兩年以上。儘管俄軍有超過一百萬人陣亡，但最終贏得了勝利。此外，在另一個激戰地，俄羅斯南部交通與工業中心的史達林格勒（現在的伏爾加格勒），俄軍從一九四二年七月到翌年二月皆與北上的德軍交戰，成功擊退了德軍、贏得俄軍的第一場勝利。

還有在一九四三年七月、八月的庫斯克（位於莫斯科與史達林格勒之間）會戰，俄軍也奪得勝利，戰況就此底定。於是，蘇聯與德國作戰的同時，也逐漸深化與美國、英國的關係。

一九四三年十一月～十二月，史達林和英國首相邱吉爾（Winston Leonard Spencer-Churchill），以及美國總統富蘭克林・羅斯福（Franklin Delano Roosevelt）在德黑蘭磋商，決定了戰爭的發展動向與戰後的歐洲政策等方針。

一九四四年六月，同

盟國聯軍成功登陸諾曼第，美軍、英軍與蘇聯軍攻進柏林；一九四五年五月，蘇聯軍占領柏林，德國投降。

西伯利亞的日軍俘虜

日俄戰爭以後，蘇聯與日本仍不時較量。在第二次世界大戰開戰前夕，兩國因滿洲和蒙古問題而加深對立，一九三九年蘇聯軍和日軍在蒙古、蘇聯邊境爆發了「諾門罕戰役」。蘇聯在這一戰取得壓倒性的勝利，占了日本的上風。

第二次世界大戰爆發後，蘇聯為了專注與德國作戰，軸心國的日本則是為了進軍東南亞，因此雙方妥協，簽訂了日蘇中立條約。

但是，史達林卻轉而親近美國和英國，以便對抗德國，在一九四三年末的德黑蘭會議上，決定與日本開戰。一九四五年二月，蘇聯向美國、英國確定「戰後會將庫頁島南部與千島群島劃入蘇聯領土」後，便準備與日本開戰。

同年八月八日，蘇聯終於向日本宣戰、進攻滿洲，也在庫頁島和千島發起軍事行動。一週後，日本投降，但蘇聯軍仍繼續進攻，於九月占領了齒舞群島。

九月五日，蘇聯終於停戰，將六十～七十多萬名日軍俘虜帶到西伯利亞各地，在戰後強迫他們勞動做工。

東與西

在第二次世界大戰末期的一九四五年四月二十五日，美軍為了殲滅德軍而持續東進，蘇聯軍則持續西進，雙方在德國東部易北河岸薩克森邦的托爾高相會，這就是歷史上的「易北河會師」。

為紀念這件大事而拍攝的電影當中，描述了兩方軍隊在此宣誓「和平」的情景。

當時的日本

1945年（昭和20年）4月，蘇聯在準備與日本開戰的期間，毫不知情的日本政府還委託蘇聯「幫忙向美國與英國交涉投降的條件」。這件事被視為日本外交史上一大失敗的政策。

然而，戰後的國際關係卻因為美、蘇二國首腦的意見歧異，發展成沒有實質大規模戰爭行動的嚴重對立——冷戰。

合作對戰德國並取得勝利，使蘇聯成為戰後唯一能與美國抗衡的大國。

但是，美國加快研發原子彈的腳步，並且在對日戰爭中投入引爆。這件事令史達林備感焦慮。

蘇聯也趕緊開始研發核子武器，並於一九四九年八月二十九日實驗成功；一九五三年也成功研發出威力更甚於原子彈的氫彈。

還能找到更多盟友嗎？

蘇聯與美國的對立日益加深之際，也為了維持社

會主義體制、增加更多採取相同政治經濟體制的國家，開始積極在東歐與東亞一帶布局，擴張勢力。

尤其是在一九四七年，波蘭、匈牙利、羅馬尼亞、保加利亞、南斯拉夫、阿爾巴尼亞等國家，都在蘇聯的影響下建立了政權，依據蘇聯的指導成立共產黨的獨裁體制。這些國家就稱作東方集團。

另外，由蘇聯與英美二國分別占領的東德與西德，在第二次世界大戰以後，兩邊的對立也逐漸深化。美國為復興戰後經濟而提出的「馬歇爾計畫」，並不為東方集團所接受。

蘇聯為了對抗馬歇爾計畫，成立了共產黨和工人黨情報局。各國共產黨紛紛加入這個組織，唯獨南斯拉夫不滿這個組織是以蘇聯為中心，觸怒了史達林而遭到除名。

波蘭和捷克斯洛伐克等東歐五國，與蘇聯成立經濟互助委員會（互經會），後來東德和古巴等國也加盟，成為國際性組織。

然而，這些組織都是以石油資源大國蘇聯為中心，由經濟開發中後段的國家所組成，這些成員國家之間鮮少有合作關係，因此無法達成像西歐國家一樣的經濟復興和發展。

一九四九年，美國和加拿大等各個對蘇聯抱持高度警戒的國家，共同組成了反共產主義的軍事聯盟「NATO（北大西洋公約組織）」。

蘇聯也為了與之抗衡，另外召集捷克斯洛伐克、匈牙利、東德等國成立了華沙公約組織。

朝鮮的代理人戰爭

東西兩陣營的對立，也同樣發生在東亞。日本戰敗撤退後的朝鮮半島，北緯三十八度線以北遭到蘇聯占領，以南則是由美國占領。

一九四八年，在聯合國的韓國問題臨時委員會監督下，只有南朝鮮進行選舉、成立大韓民國（一般通稱韓國或南韓）。

一個月後，蘇聯在朝鮮半島殘存的北半部建立了朝鮮民主主義人民共和國（北韓）。兩國都聲稱領土涵蓋整個朝鮮半島，導致矛盾日漸加深，最終爆發韓戰。

一九五〇年，北韓的金日成在蘇聯的幫助下動武，但蘇聯軍本身並沒有出兵支援。相較之下，韓國則是有包含美軍在內的聯合國軍協助作戰。

這場戰爭整整拉鋸了三年，最終協議停戰。

朝鮮半島的情勢（1953年）

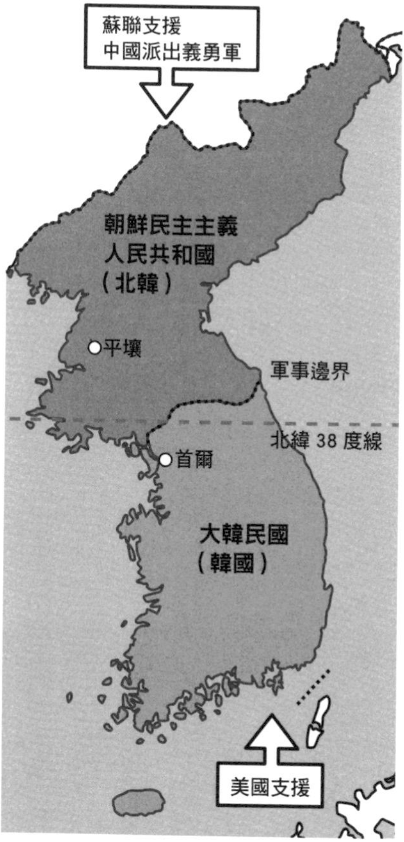

韓戰期間，蘇聯派出為數超過7萬人的「軍事顧問團」，主要工作是提供武器給北韓軍，也有飛行員實際駕駛飛機作戰。

「偉大領袖」逝世

就在韓戰停戰前夕的西元一九五三年三月，史達林因為腦動脈硬化而逝世。蘇聯國民終於可以從長久以來的恐怖統治當中解脫，可是依然有不少人為史達林的死痛哭流涕，或許是因為他在第二次世界大戰中率領國民取得勝利，所以當時仍視他為偉大的領袖吧。

然而，就在史達林任內主導蘇聯政權的前後三十年期間，因為政治因素而大量肅清的人數，卻是高達二百多萬人。

不僅如此，以烏克蘭為中心，「飢餓出口」的犧牲者有六百多萬人；而在第二次世界大戰，蘇聯死亡人數更有兩千六百多萬。雖然精確的數字不得而

當時的日本

1953年（昭和28年）1月，早川電機工業（即後來的夏普）以175000日圓的售價推出日本第一台國產電視機。同年2月，NHK在東京上架，隨即開播猜謎節目「ジェスチャー」，正式揭開日本電視時代的序幕。

知，但除此之外還有許多其他犧牲者。史達林時代的蘇聯人口大約有二億以上，放眼歷史，踩在如此大量屍體上掌握大權的統治者別無他人。

史達林的死，造成共產黨內一片混亂，最後決議由中央委員書記排名第一的格奧爾基・馬林科夫（Маленко́в）短暫擔任首相。半年後，由烏克蘭人尼基塔・赫魯雪夫（Никита Сергеевич Хрущёв）繼任，接任黨的領導職務。

赫魯雪夫成為蘇聯最高領導人「共產黨總書記」時已年近六十。他檢討史達林的獨裁統治，採取馬林科夫和維亞切斯拉夫・莫洛托夫（Молотов）所提倡的集體領導制。

史達林是千古罪人！

赫魯雪夫在一九五六年第二十屆共產黨代表大會上，批判史達林是個獨裁者，並公布他在第二次世界大戰中的錯誤決策，這份原本沒有公開的「祕密報告」，立刻傳遍了世界各國。

赫魯雪夫釋放許多被史達林下令關押的人，也替遭到處死的人洗刷名譽，共產黨和工人黨情報局也在這一年解散。

赫魯雪夫這份「批判史達林」的報告，對東方集團（社會主義各國）造成很大的衝擊。目標是脫離蘇聯領導、自行發展社會主義的波蘭和匈牙利，開始追求自由化和民主化，由過去蘊釀至今的反蘇情緒就此爆發，衍生成反蘇聯的抗議示威，過度激進的匈牙利市民暴動遭到蘇聯軍鎮壓，波蘭則是自主收拾了局面。

地球是什麼樣子？

在赫魯雪夫擔任蘇聯最高領袖的時代，蘇聯的科學技術有驚人的進步，尤其是

在太空探索方面更是凌駕美國、大獲成功。

西元一九五七年，蘇聯成功發射了世界第一架人造衛星；一九六一年，又成功發射第一架載人太空梭。

當時出任務的蘇聯太空人加加林（Гагарин）回到地球時所說的話「地球好藍」，成了家喻戶曉的名言。但這句話其實是各家媒體簡化後的翻譯，實際上他說的是「太空非常黑暗，地球呈現藍色」。

另外在一九六〇年，蘇聯公開宣稱擊落了入侵領空的美國偵察機、逮捕了飛行員。由此可見蘇聯在飛彈技術方面也占了優勢，令美國備感屈辱。

核子戰爭一觸即發

蘇聯與美國的政治對立迎

向了巔峰。一九五九年，在距離蘇聯千里之遙的加勒比海古巴當地，斐代爾•卡斯楚（Fidel Alejandro Castro Ruz）革命成功，宣布成立社會主義國家，於是赫魯雪夫親近卡斯楚、答應提供援助。

一九六二年，美國偵察機發現蘇聯在古巴建造飛彈基地。時任總統約翰•甘迺迪（John Fitzgerald Kennedy）要求蘇聯撤除飛彈，但遭到赫魯雪夫拒絕。全世界都在關注蘇聯和美國是否即將爆發戰爭。

不過，赫魯雪夫與甘迺迪經過多次磋商後，答應撤除飛彈。美國從海上封鎖古巴、冒著戰爭一觸即發的危險，向蘇聯抗議並與之對抗，最終讓世界免於核子戰爭的危機。

一九六三年，蘇聯和美國、英國簽署了部分禁止核試驗條約，並設置了華盛頓直通莫斯科的電話線路。於是，東西對立的緊張氣氛才終於逐漸緩解。

但是，甘迺迪在同年遭到暗殺身亡，赫魯雪夫則是因為未能在外交上展現蘇聯的強大，而遭到蘇聯領導高層內部的批判。儘管赫魯雪夫的政績十分卓越，但是在活化農業和工業的政策方面卻毫無成效，尤其是經濟政策更是招致一片罵聲，讓他在翌年黯然下臺。

與共產兄弟翻臉

赫魯雪夫遭到解任還有另一個原因，就是蘇聯與中國的關係惡化。

話說回來，中國在一九四九年建立起共產主義國家，在那之前就與蘇聯建交，一九五〇年還簽訂了《中蘇友好同盟互助條約》，軍事上的關係也愈發緊密，在韓戰時期兩國也一同支援北韓。

但是，赫魯雪夫在「批判史達林」之際，中國卻表態反對，導致兩國的對立加深。中國領導人認為史達林是「偉大的革命家」，中國共產黨更是憑獨裁建立起社會主義國家，因此史達林無疑是他們理想中的領袖。相對地，赫魯雪夫則批判中國的人民公社是錯誤的政策。

兩國的對立關係在一九五八年明朗化，這一年中國攻打臺灣的金門群島和馬祖列島。由於臺灣是親美的國家，蘇聯唯恐中國此舉會將蘇聯捲入與美國開戰的危險局面，所以並未介入這場戰爭。一九六〇年，赫魯雪夫召回派遣至中國的蘇聯技術專家，與中國的關係降至冰點。然而這件事也令赫魯雪夫遭到蘇聯共產黨內部的撻伐。

在一九六〇年代爆發的越南戰爭，蘇聯一開始為了對抗美國，與中國共同支援越南民主共和國（通稱北越）。但隨後美國總統尼克森（Richard Milhous Nixon）訪問中國，確認兩國的友好關係（從對立走向和解），使得蘇聯與中國的對立更加嚴重。

終究是獨裁者

在赫魯雪夫失勢後，取而代之就任為共產黨總書記的是列昂尼德・布里茲涅夫（Леони́д Ильи́ч Бре́жнев）。布里茲涅夫出生於烏克蘭的金屬工人家庭，屬於保守派，他試圖恢復遭到赫魯雪夫批判的史達林的名譽，重新檢討了「批判史達林」的內容。

由於赫魯雪夫也有獨裁的傾向，所以在他垮臺後，蘇聯便禁止共產黨總書記兼任首相。布里茲涅夫成為總書記，任命柯西金（Косыгин）擔任首相，開始實行集體領導制。但是，他最終仍走向了不同於史達林的獨裁化。

史達林處死了反對派人士，或將之關押進收容所。布里茲涅夫則是反覆更動黨內的人事職位，以防權力過度集中於同一人。

布里茲涅夫的政績，在於以他命名的施政理論「布里茲涅夫主義」。

這項政策始於一九六八年捷克斯洛伐克發生的自由化運動。當地對於共產黨獨裁的不滿日漸高漲，民眾群起示威抗議，史稱「布拉格之春」。

東歐各國不願再當蘇聯的附庸，而

是渴望實施獨立自主的政策。在經濟互助委員會上，由蘇聯全權決定加盟國的產業分配，也是造成各國不滿的主因。

厭惡自由化的波蘭和東德等華沙公約組織的成員國軍隊，武裝進攻了捷克斯洛伐克、鎮壓全國。

九月二十八日，布里茲涅夫擔心這場運動擴大，便宣布「為保護社會主義共同體的利益，可以限制一國的主權」。

到了一九七〇年代，東歐各國追求自由化的運動逐漸受到壓制，布里茲涅夫遭受世界各國的批評。此外，由於他對同盟國擺出高高在上的統治者態度，也更加破壞了蘇聯的印象。

融雪的時節

蘇聯進入布里茲涅夫執政的時代後，為維持核武而導致軍費預算甚鉅。對蘇聯和美國來說，核武都成為難以負荷的重擔，但核武又能展現國家的軍事力量，無法輕言放棄。

中國在一九六七年的氫彈試爆實驗成功，軍事力量的差距也逐漸縮小。不過當中國與美國等西方國家爭鋒的同時，也採取和平共處與緩和政策（Détente，或稱低盪）的雙面外交策略。

蘇聯則繼續與美國進行戰略武器限制談判，雙方最終於一九七二年同意簽訂SALT I（第一輪的戰略武器限制談判），主要是限制戰略飛彈的持有數量、以縮減雙方的軍備。

這份條約規定蘇聯只能擁有一千四百一十發ICBM（洲際彈道飛彈）、九百五十發SLBM（潛射彈道飛彈），美國則只能擁有一千發ICBM、七百一十發SLBM，而且雙方都必須避免先制攻擊。

同年，東西德簽訂《兩德基礎條約》，歐洲境內已無國家互相敵對，蘇聯也承認這份條約的正當性，一九七五年在赫爾辛基召開歐洲安全與合作會議。於是，歐洲的爭端就此消失殆盡。

一敗塗地的阿富汗戰爭

就在歐洲過著平靜安寧的生活時，一九七八年，阿富汗成立了由蘇聯推動的政權。這個政權旨在將土地分配給貧窮的農民，但是失去土地和利益的地主卻大為不滿，反對派便掀起了暴動。

蘇聯派軍隊前去鎮壓暴動，當地的反抗勢力便以聖戰士（Mujahid，意指參與聖戰的鬥士）之名號召行動。聖戰士當中，也包含了穆斯林的游擊隊。

蘇聯要是在這場戰爭中敗給阿富汗的穆斯林，就會影響到在中亞的的統治權，因此蘇聯不可能輕易撤離阿富汗。

蘇聯因為游擊戰而吃盡苦頭，猶如當年美國在越戰的經歷般，飽受國內外的輿論譴責。這場戰爭也

當時的日本

莫斯科奧運舉行的1980年（昭和55年），日本職業棒球讀賣巨人隊的選手王貞治，擊出現役最後一支，也是第868支全壘打。王貞治在這一年退休後擔任巨人隊的教練。生涯全壘打數868支，紀錄至今仍是無人超越。

影響到了一九八〇年的莫斯科奧運，美國和日本等許多國家抵制參賽。到了下一屆的洛杉磯奧運，蘇聯等東歐各國則抵制參賽。

這場戰爭長達十年，最後蘇聯仍無法驅逐游擊隊，只好於一九八九年撤軍。蘇聯軍的死亡人數多達一萬以上。

在阿富汗戰爭期間，布里茲涅夫去世。接續在後接任總書記的人選是安德洛波夫（Андро́пов），以及因為他生病無法工作而繼任的契爾年科（Черненко）執政，掌管俄羅斯的政治。

經濟改革

一九八五年，在蘇聯共產黨的大人物葛羅米柯（Громы́ко）推薦下，共產黨書記戈巴契夫（Михаил Сергеевич Горбачёв）晉升成為總書記。在列寧去世六十年以上、蘇聯誕生已經六十三年的俄羅斯，經濟低靡，政府內部貪汙層出不窮，體制改革迫在眉睫。

西元一九八六年，鄰近基輔的車諾比核電廠核子反應爐爆炸，建築物倒塌，導致放射線擴散至歐洲各地，周邊居民及負責處理意外的人員都受到嚴重傷害。

當時意外事故的資訊並沒有即刻通知戈巴契夫，在他得知損害範圍擴大的消息後，才發現資訊公開（開放政策）的重要性，從此以後蘇聯的言論、新聞報導有了更大的自由。

戈巴契夫的政策是逐步檢討列寧、史達林，以及馬克思主義等蘇聯領袖遵循的作風，這項政策就稱作「經濟改革」（перестройка，俄語的意思即「重建」）。另外，政府內部還開始爭論是否採納西歐的自由主義，但最終未能得出共識。

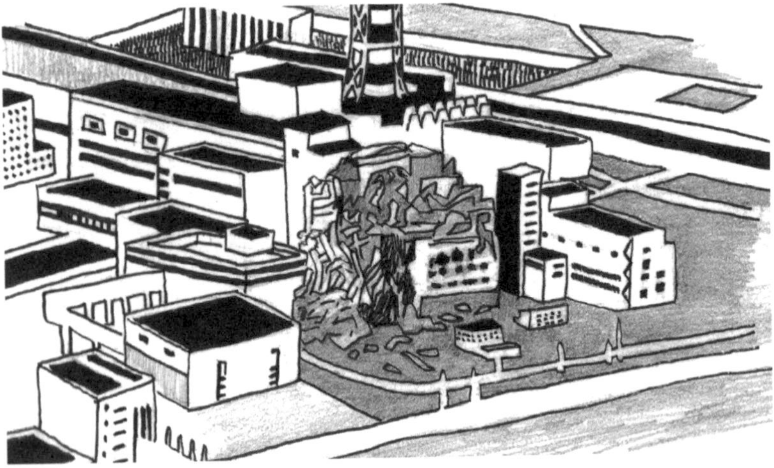

戈巴契夫先是實行經濟政策，從開放私人營業開始，逐漸拓展市場經濟原理（在社會主義國家中，可以從事無限制自由經濟活動的資本主義原則）。

然而，此舉卻激化了過去握有利權的官僚，和追求利益的創業家之間的對立。

冷戰終結

經濟改革包含「新思維」，意思是外交不再以對抗美國為前提，而是和日本、歐洲、中國及各個新興國家廣泛建交。

戈巴契夫廢除了布里茲涅夫主義，減少對東歐的政治干預。戈巴契夫展現的態度令東歐各國首腦感到手足無措，但一般民眾倒是樂見其成。

一九八九年，波蘭的非共產黨派系透過內閣選舉崛起，使共產黨的獨裁體制垮臺。五月，匈牙利開放銜接奧地利的邊境，讓原本住在匈牙利的德國人紛紛湧向維也納的西德大使館。無論是哪一件事，都證明了過去蘇聯只是藉著「同盟國」的名義，打壓東歐各個國家。

波蘭和匈牙利的動向，也帶動了捷克斯洛伐克、保加利亞、羅馬尼亞等國的人民追求民主化運動，而且他們的訴求也逐漸實現了。這波發生在東歐的民主化熱潮又稱作東歐革命。

就在國際情勢持續發生變化的一九八九年，戈巴契夫為了改善外交關係而訪問中國；翌年，戈巴契夫又在舊金山與韓國的總統展開會談，雙方也在這次會談建立邦交。

蘇聯與中國雖然同屬共產陣營，但是自赫魯雪夫批判史達林而起的中蘇論戰以來，兩國關係逐年降至冰點，邊界偶有軍事衝突。在戈巴契夫任內，中國領導人鄧小平答應參與高峰會談，兩國關係走向改善，就連爭議已久的邊界問題，雙方也於一九九四年簽定協議，朝向解決的方向進展。

一九八九年，蘇聯有了外交上最重要的一大突破，那就是戈巴契夫與美國總統老布希（George Herbert Walker Bush），在地中海的馬爾他島展開會談。

在這場重大的會談中，雙方都確定「冷戰」已然劃下句點，美蘇關係從此邁向新時代。

西元一九九〇年，維持現有體制、持續推動改革的戈巴契夫開始採行總統制。雖然他曾打算繼續憑獨裁權力實施改革，但希望維持體制的保守派，和以葉爾辛（Бори́с Никола́евич Ельцин）為首強烈要求改革的激進派，兩方的矛盾卻愈來愈激烈。

西元一九九一年，蘇聯和美國簽署了削減戰略武器條約（START）。

這份條約限制蘇美兩國最多只能擁有六千枚的戰略核子彈頭，而洲際彈道飛彈（ICBM）、潛射彈道飛彈（SLBM），以及重型轟炸機等運載工具，則必須限制在一千六百座以下；二〇〇一年，雙方宣布條約內容已經實現。

當時的日本

冷戰終結的1989年（昭和64年）1月7日，昭和天皇駕崩，皇太子明仁親王即位。內閣官房長官小渕惠三舉行記者會，公布新年號為「平成」。昭和64年僅7天便結束，此後的平成時代一直延續到了2019年4月30日。

祕密專欄

世界排行第二的軍事大國

即使軍備一度削減，實力依舊不可小覷

俄羅斯的軍事力量，曾經隨著蘇聯的解體而大幅削減；儘管如此，現在卻是不斷成長，在二〇二〇年已經來到僅次於美國的世界第二軍事強國。

俄羅斯帝國原本是科學技術落後的國家，武器裝備一點也不好用，而且型號幾乎不更新，新舊品混在一起，種類又多，整修保養起來非常辛苦。

蘇聯時代繼承了俄羅斯帝國長久以來的陸軍國家傳統，而在陸地戰上最大的武器就是戰車。一九六〇年代末期，俄羅斯的核子武器開發已經足以與美國抗衡，而且蘇聯還擁有全球最強的潛艦能力，單看數據戰力堪稱是美國的三倍。

俄羅斯的戰鬥機是傳統型號，簡潔又輕巧，速度和航高限度都比美國同水準的戰鬥機出色，但滯空能力和兵裝卻較為遜色。俄羅斯軍艦比美國更小型、快速、重武裝，

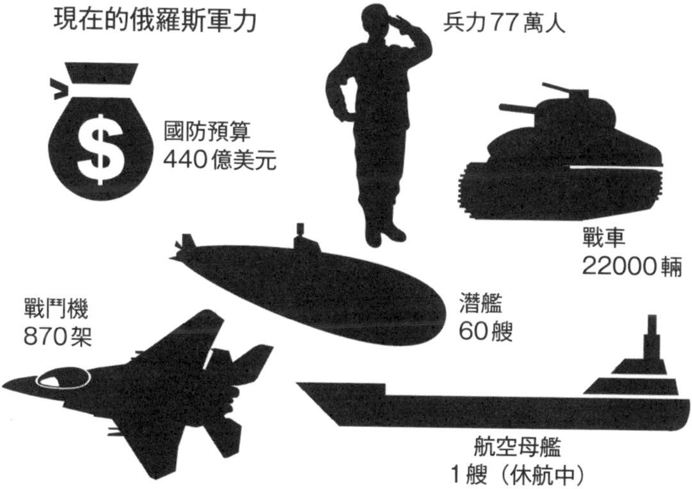

目前正製造近似美國的大型高火力軍艦。

可是自一九九八年後，俄羅斯的軍備預算大幅縮小，在一九九二～九六年，兵力只剩下原本的二分之一。國防預算驟減，技術也嚴重落後他國。然而俄羅斯的核武仍是世界第二，就如普丁總統所言，「沒有人敢對俄羅斯發起大規模軍事行動」。

提到俄羅斯的軍武，最著名的就是「卡拉什尼科夫自動步槍」。其性能高且結構單純、堅固耐用而廣為普及。製造商「伊熱夫斯克」生產的步槍數約為七千萬支，盜版品也在市面上大量流通，也廣泛投入戰爭甚至恐怖活動。但最終仍敵不過歐美的高科技產品，於二〇一二年破產倒閉。

與諾貝爾文學獎擦肩而過的詩人

巴斯特納克

Boris Leonidovich Pasternak

（1890～1960）

以文學講述時代的《齊瓦哥醫生》

以第一次世界大戰和俄國革命為背景，著名的浪漫愛情小說《齊瓦哥醫生》，出自詩人巴斯特納克之手。

巴斯特納克出生於莫斯科的猶太人藝術家庭，原本立志成為作曲家，但遭遇挫折，於是進入莫斯科大學攻讀歷史和哲學。1914年，他發表了首部的詩集《霧靄中的雙子星座》，並於1922年的詩集《生活，我的姊妹》確立個人風格，評論家給予「嶄新的措詞」的讚譽。

巴斯特納克在1920年代發表的作品，開始談論革命和個人的命運。第二次世界大戰後，他埋首寫作，孕育出了《齊瓦哥醫生》，而這部作品為他贏得1958年的諾貝爾文學獎。可是巴斯特納克若要領獎，就必須離開俄羅斯、流亡國外，因此他只能婉拒。兩年後巴斯特納克在長久的抑鬱中逝世於莫斯科郊外。至今，他仍是擁有許多熱情讀者的俄羅斯文學家。

chapter 8

現代俄羅斯

蘇聯統治下的俄羅斯

蘇聯解體的一九九〇年到一九九一年，短短的兩年間情勢驟然巨變，變化之快令人目不暇給。

戈巴契夫就任為聯邦總統兩個月後，在俄羅斯共和國（舊蘇維埃俄羅斯聯邦社會主義共和國）的議會選舉中，鮑利斯・葉爾辛當選為主席。葉爾辛得到非共產黨系的民主派團體支持而掌握大權。

換言之，蘇聯當中勢力最大的俄羅斯共和國，得以親手掌理政治和經濟；也可以說這等於是他們宣布施政方針將會以俄羅斯為中心，而非整個蘇聯。

一九九一年六月，葉爾辛成為俄羅斯共和國總統。作為政權中心的俄羅斯共和國擁有很大的權限，烏茲別克、烏克蘭、哈薩克等國也獨立並宣示主權，蘇聯的存在意義逐漸變得薄弱。

八月，戈巴契夫逼不得已頒布了新聯盟條約，聲明「蘇聯是擁有主權的共和國聯盟」。部分共產黨員對此發起反彈，於同月十九日在莫斯科發動政變、企圖推翻戈巴契夫。

但是，包含一般民眾、知識分子、學生，乃至神職人員在內的多數市民，都反對這場政變。

葉爾辛也不接受共產黨的主張，挺身反抗，最後政變以失敗告終。

隨後，葉爾辛簽署限制共產黨活動的總統令，戈巴契夫請辭總書記。十二月共產黨解散。

翌月，俄羅斯連邦共和國和烏克蘭、白俄羅斯設立新的國家聯盟「獨立國家國協」（CIS）。十二月二十五日，戈巴契夫辭去總統一職，蘇聯終

於徹底消亡。

新成立的獨立國家國協除了已經完全獨立的波羅的海三國和喬治亞以外，幾乎繼承了蘇聯原有的領土。獨立國家國協的成員國元首還另外設置了國家元首理事會，由葉爾辛擔任理事長。

失敗的共產體制

蘇聯的末日十分混亂。第二次世界大戰後，儘管蘇聯是唯一能與美國抗衡的大國，卻無法妥善經營國家，這是為什麼呢？

重點有兩個，一是領土太大。如此廣大的領土容納了多元化的民族，他們都是被俄羅斯人征服、統治至今，幾乎所有民族都非常厭惡俄羅斯人的統治，總是想著「有朝一日要獨立」。

西元一九九一年，正當共產黨保守派為了推翻戈巴契夫而發動政變時，高加索地區的車臣－印古什共和國宣布獨立。

車臣、印古什共和國的位置

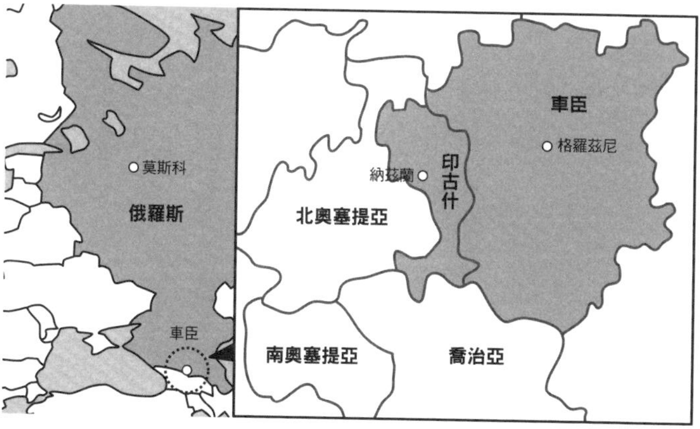

葉爾辛總統擔心車臣獨立一事會帶動其他民族群起仿效，因此並不承認他們的獨立主權。與此同時，原本就是親俄派的印古什人反對這份獨立宣言，於是車臣和印古什就此分裂。

而且，車臣內部的親俄派人士也反對獨立，導致國內對立深化（車臣戰爭）。之後，車臣便成了俄羅斯內戰的導火線。

蘇聯無法妥善經營國家的第二個重點，就是沒有徹底實行社會主義。

蘇聯高揭社會主義的名義，在共產黨的領導下推行經濟活動。他們為了維持社會主義體制，建構了龐大的官僚體系，卻沒有充分發揮它的功能。

蘇聯的官員在盡完自己應盡的義務後，就不願再付出更多，結果演變成不負責任的體制。

在實現社會主義以前，蘇聯光是推行國家政策都不順利。

驟變的生活型態

俄羅斯聯邦的首任總統葉爾辛，從一九九二年開始推動全新的改革，而且特別致力於經濟自由化。

像是在蘇聯時代由國家統一決定的物品批發價和零售價，開放由企業任意定價，也可以自由與海外貿易。

當時的日本

蘇維埃聯邦解體的1991年（平成3年），日本派出海上自衛隊前往波斯灣進行水雷撤除作業。儘管國內也有反對聲浪，但日本因為沒有參與波斯灣戰爭，遭到國際輿論的強烈批判，所以日本政府還是派自衛隊出任務。

當海外貿易興盛起來，西方的商品便開始流入俄羅斯。對於認為購物理所當然要排隊等候的俄羅斯人來說，全新的「服務」大幅改變了他們的認知。

最經典的例子就是麥當勞。麥當勞在莫斯科開設第一家店時，店內流暢俐落的服務令莫斯科人大開眼界，讓他們陶醉地大口吃著拿到手的漢堡。

小說及其他出版品也引進了俄羅斯，親眼見識到西歐文化的俄羅斯人生活逐漸改變。他們在社會主義時代被迫過著沒有個人自由的拘束生活，如今終於可以慢慢學著享受興趣了。

但另一方面，俄羅斯境內開始販售西

方國家的產品，導致國內企業不景氣，物價也快速飆升。稅收減少，國家財源不足，住宅和教育相關的服務品質都漸漸低落。

農民和工人的生活變得貧困，於是發起罷工和拒買運動。也有人覺得相較之下更懷年昔日歲月，雖然以前的生活不便又貧窮，但至少活得很悠閒。

即便如此，俄羅斯國民也在轉變的過程中逐漸意識到，面對新社會，抱持堅決抗議的心態終究於事無補。

在過去的社會主義體制之下，政府十分重視郊區的發展。但是在蘇聯解體後，葉爾辛廢除了集體農莊，導致很多人脫離農業、前往都市謀生，結果還衍生出俄羅斯裔居民與非俄羅斯裔居民的對立。

葉爾辛執政的十年

史上第一個、雖然是半調子但至少延續了七十多年的社會主義政權，就這麼轟然瓦解了。往後的俄羅斯應該建立什麼樣的社會型態，身為統治者只能不停地摸索未來的方向。

在經濟方面，與社會主義相對的概念是資本主義。資本主義社會的原則是從物品的生產、交易行為開始，所有的經濟活動都可以「自由」進行。另一方面，以俄羅斯為主的社會主義國家，則是在蘇聯國家計畫委員會的監督之下，推行有計畫的經濟活動。

西元一九九二年一月，俄羅斯實施批發和零售自由定價的政策，同時開放外國貿易，並廢除一切諸如關稅和金融限制，盧布也在此時可以從事外匯交易。但是俄羅斯的工人依然抱持著只要盡好自己義務的心態，並沒有因此產生想要讓整個社會更富足的想法。

因為葉爾辛在社會主義體制瓦解，而大多數人民還不清楚自己對新社會的願景時，就冒然引進了自由的資本主義經濟。

蘇聯時代的高官當中，有些人預見了時代的變化而趁機大撈一筆，但大多數人民只能隨波逐流、就這樣度過了十年的光陰。

結果，葉爾辛終究沒能滿足俄羅斯人民的期待。

繼任者普丁

西元一九九九年底，葉爾辛突然宣布辭去總統的職位。這個決定除了因健康欠佳以外，還牽涉到許多政治內幕。其中之一，就是葉爾辛與新興財團的大老闆們（Олигархи，又稱商業寡頭）勾結。

蘇聯末期在戈巴契夫掌權、逐漸鬆綁經濟活動限制的過程中，有力人士透過賄賂獲得特權，於是新興財團因應而生。繼承了天然氣和石油這些國家資產而成立的大企業、憑藉軍工複合體（與軍隊掛勾的大企業）而成立的大型財團，都紛紛開始干預經濟和政治。

葉爾辛顯然是極力避免因為貪汙瀆職等醜聞曝光，不得不狼狽下臺的窘境，才會自願將政權拱手讓給會保護他的人物。而這名人選，就是才剛當上總理的弗拉迪米爾・普丁（Владúмир Владúмирович Пýтин）。

普丁在西元一九五二年出生於列寧格勒（現在的聖彼得堡）。他畢業於列寧格勒大學後，進入情報收集機構KGB（蘇聯國家安全委員會）任職。

西元一九九〇年，普丁離開KGB、在列寧格勒大學擔任校長助理一段時間後，便開始從政。一九九九年，他就任為KGB的後繼機構FSB（俄羅斯聯邦安全局）局長。普丁擔任局長的期間，通過使負責調查葉爾辛瀆職的檢察總長倒臺，預防政變發生。

在葉爾辛辭職後，隨後被任命為代理總統的人選正是普丁。普丁後來又在二〇〇〇年三月的俄羅斯聯邦總統大選中出馬，當選成為第二任總統。

俄羅斯，還是反俄羅斯

新官上任三把火，普丁立刻逮捕了新興寡頭之一的米哈伊爾・霍多爾科夫斯基（Ходорковский）。霍多爾科夫斯基是俄羅斯石油業的巨頭——尤科斯石油公司的總裁，因掌握全國的石油資本而獲益甚鉅。普丁剝奪了他的特權，削弱其影響力。與此同時，普丁也特別禮遇宣誓效忠的企業，深化與企業和財團的交情，力求共存。

普丁自上任以後，不斷設法平息蘇聯解體後持續不休的社會亂象。他原本只是個無名小卒，卻能夠致力於強化國家體制，加強與各個國家的交流，為俄羅斯拓展出新方向。

現在的俄羅斯承認多數政黨存在，在俄羅斯聯邦發跡當時，俄羅斯最有勢力的政黨是有力人士組成的「祖國－全俄羅斯」；與之抗衡的則是由葉爾辛的支持者組成的「統一」黨，後來由普丁繼承。

普丁以穩健又重視現實功利的政治作風贏得許多支持者，他在二〇〇一年吸收合併了只是個地方權貴集團、缺乏組織力的「祖國－全俄羅斯」黨，成立「統一俄羅斯」黨。於是，普丁的支持基本盤就此底定。政策是由總統及其身邊的政要決定，所以事實上也可以視為獨裁體制。

這一年，美國同時發生了多起恐怖攻擊事件。因為車臣恐攻問題而不堪其擾的俄羅斯，表態會與美國一同反抗恐怖主義，這個立場讓俄羅斯獲得參與工業國組織高峰會議的資格。但是，俄羅斯仍持續對車臣施壓，美國因此高度警戒俄羅斯的動向。

從此以後，俄羅斯和美國因為共同對抗恐怖主義而逐漸和睦，但是在烏克蘭問題上，美國展現出反俄羅斯的立場，因此兩國關係又開始產生變數。

在這個狀態下，西元二〇〇二年十月，發生了莫斯科劇場遭到車臣激進獨立派脅持的恐攻事件。

之後直到二〇〇六年，俄羅斯仍不時發生恐怖攻擊，儘管造成許多傷亡，但普丁都成功鎮壓了這一連串的事件，縱使遭受國際社會的譴責，俄羅斯依然不承認車臣的獨立主權。

衝突不斷的二〇〇八

普丁在結束兩屆共八年的總統任期後，於二〇〇八年卸任。他培育的繼承人梅德韋德夫（Дми́трий Анато́льевич Медве́дев）當選為下一任總統，普丁則出任總理；也就是說，普丁依然握有政治主導權。

梅德韋德夫上任總統後不久，高加索地區便發生了新的戰爭。

高加索地區是在十九世紀後才併入俄羅斯帝國的統治疆域。當地居民大多不是俄羅斯人，自然不願意坦然接受俄羅斯的統治。方才提到的車臣，就位於高加索山脈的北側。

此時起義反抗俄羅斯的，是居住在高加索山脈南邊的喬治亞人。

喬治亞在蘇聯瓦解後成為獨立國家，並不是CIS的成員國，但國內有不少親俄民族，導致問題變得錯綜複雜。

西元二〇〇八年八月，鄰近黑海的阿布哈茲和高加索山中的南奧塞提亞居民大多反對喬治亞、不願意與俄羅斯分離，因而和喬治亞開戰。

2008年的高加索地區

俄羅斯出兵協助南奧塞提亞後，喬治亞也向俄羅斯宣戰，演變成雙方戰爭。在歐盟介入停戰後，南奧塞提亞和阿布哈茲成為實質獨立國家，俄羅斯承認其主權，但依然駐軍於當地。

現在的南奧塞提亞和阿布哈茲還是尚未獲得國際承認的國家，依然處於孤立的狀態。

這一年，發生了金融海嘯，經濟蕭條也重創了俄羅斯。尤其是堪稱俄羅斯經濟命脈的原油價格暴跌，於是身為總理的普丁計劃培育國內產業，擺脫俄羅斯過度仰賴石油出口的傾向，但這個作法未必算成功。

看不見盡頭的普丁時代

西元二〇〇八年末，普丁以總理的身分實施修憲，目的是延長總統的任期。在二〇一二年三月的總統大選，他又再次出馬競選，俄羅斯國內也因此出現了「沙皇回歸、君主專制」的反對聲浪。

但俄羅斯的景氣已經逐漸好轉，經濟上也需要對抗歐美，國內仍然需要一個強大的領袖，因此支持普丁上任的意見仍占了多數。

回任總統的普丁利用愛國主義和宗教，以強硬的手法推行政策。其中飽受國際批判的，就是烏克蘭問題。

尤其是在二〇一四年，普丁派俄軍進攻烏克蘭，併吞克里米亞半島。時任美國總統歐巴馬（Barack Hussein Obama II）和英國首相卡麥隆（David William Donald Cameron）表示強烈譴責，各國也對俄羅斯進行經濟制裁。

西元二〇一六年，企業家唐納・川普（Donald John Trump）角逐美國總統的位置，並且曾在競選期間讚賞普丁的政治才能。

川普提出與歐巴馬截然相反的「美國優先」主張，採取國家利益優於國際協調的政策。

儘管普丁被稱作獨裁者，卻仍然能展現出卓越的領導能力，或許這才令川普備感親切。實際上，川普在競選的期間還疑似出現與俄羅斯有所串通的選舉舞弊活動（通俄門事件）。

不過，即便在川普當選為美國總統以後，普丁仍不時公開地嚴厲批判美國。

俄羅斯的昔日與未來

綜觀世界史，不僅限於俄羅斯，每當國家出現一位以強人形象登壇的統治者，手握問政大權時，通常都會實施大幅改革，促使經濟快速發展。二十世紀以後，全球大多數的國家接連走上追求民主主義和資本主義的道路，以自由平等作為訴求，一直持續至今。

但是，只有俄羅斯始終走在不一樣的歷史軌跡上，革命推翻沙皇體制後，眾多領袖建立的竟然是社會主義國家。

而且就在第二次世界大戰結束後，渴望實現社會主義的菁英紛紛成為獨裁者，推動國家發展。即使社會主義最終瓦解，俄羅斯依然是由坐擁強大權勢的領袖執掌政治。

近年來，的確也有不少人提出質疑的聲浪，人們開始反思民主主義是否真的是最理想的政治型態，也有愈來愈多身在資本先進國的學者，目光再度聚焦於社會主義之上。

可是另一方面，就現實層面來看，俄羅斯和其他國家之間至今仍因為領土爭議而持續對立。

以俄羅斯與日本的關係為例，在日本簽署了終結第二次世界大戰的《波茨坦宣言》後，依然留下蘇聯占領北方領土的問題。

自一九五六年日蘇兩國恢復邦交以來，日本長年與俄羅斯協商歸還領土，但是在這些年間，來到這些土地的俄羅斯移民也愈來愈多，導致這個僵局無法輕易突破。普丁政權也從未答應歸還日本四島（擇捉島、國後島、色丹島、齒舞群島）的要求，一直拖延至今。

再從歐洲各國的立場來看，近年來，西方國家則是特別關注俄羅斯併吞克里米亞半島的問題。

克里米亞問題始於一九五四年，當時赫魯雪夫為了強化蘇聯與烏克蘭的關係，曾經承認克里米亞半島的主權屬於烏克蘭。而爭議就在於這個地區已經有許多俄羅斯人移居進來。

二〇一四年，由於這些居民高度認同自己是俄羅斯人，普丁便藉機強勢併吞了克里米亞半島。這種強硬改變領土劃分的行為，也在國際上掀起了波瀾。原本受邀參加工業國組織高峰會議的俄羅斯，從此遭到除名。

聯合國大會針對俄羅斯占領克里米亞一事提出決議案，但投票時卻遭到俄羅斯否決。順帶一提，中國在這場投票中選擇棄權。

二〇二〇年，俄羅斯舉行公民投票，普丁得以繼續競選連任至二〇三六年，屆時普丁將會是八十四歲了。

然而就在該年，全球發忽然爆發始料未及的嚴重事態，也就是新型冠狀病毒疫情造成全球大流行，令人實在難以想像二〇三六年的俄羅斯將會如何。不過，或許俄羅斯也可能出乎意料幾乎沒有任何變動，未來也依舊維持現在的體制也說不一定。

當時的日本

根據人口調查，日本在2040年的總人口估計為1億1092萬人，比現在減少約1500萬人。除了總人口減少，鄉村人口將持續外流至大都市而顯著減少。根據預測，秋田縣的人口到了2045年只會剩下現今約4成左右。

耐人尋味的俄羅斯偉人⑧

來自愛沙尼亞的人氣力士

凱斗・赫韋爾松

Kaido Hoovelson

（1984～）

以龐大身軀和豪邁技巧擄獲人心的相撲界寵兒

凱斗是前相撲力士，以把瑠都凱斗一名廣為人知。他既強大又古道熱腸，即便不是相撲愛好者也非常欣賞他。

他出生於蘇聯統治下的愛沙尼亞一戶農家，從小在體育學校學習柔道，但對相撲興趣濃厚。他在高中3年級首度參加相撲大會時應來場的日本人邀請，19歲赴日深造，進入三保關部屋受訓，後來以「把瑠都」之名成為力士。

2004年他首度登上土俵，之後快速昇進，2010年成為大關。他憑著身高198公分、體重189公斤的體格展現豪邁的技巧，2012年在第一場相撲錦標賽中奪得生涯第一個優勝。祖國愛沙尼亞也因此掀起一陣相撲熱潮。

凱斗在2013年因膝傷退休，在日本從事演藝活動，之後歸國，於2019年當選為愛沙尼亞國會議員，以政治家身分邁向新人生。

俄羅斯的歷史 年表

這份年表是以本書提及的俄羅斯歷史為中心編寫而成。配合下半段的「世界與日本大事紀」，可以更深入理解。

年代	俄羅斯大事紀	世界與日本大事紀
4~6世紀	斯拉夫民族開始遷徙至俄羅斯	世界 日耳曼人大遷徙（375）
900前後	發明西里爾字母	世界 法蘭克王國分裂（843）
862前後	俄羅斯第一個國家（諾夫哥羅德公國）成立	日本 應天門之變（866）
882	奧列格占領基輔（建立基輔羅斯）	日本 廢除遣唐使（894）
912前後	留里克的兒子伊戈爾在位統治	世界 德意志王國成立（911）
945	伊戈爾的兒子斯維亞托斯拉夫在位統治	世界 神聖羅馬帝國成立（962）
973	斯維亞托斯拉夫的長男亞羅波爾克在位統治	日本 安和之變（969）
980前後	斯維亞托斯拉夫的三男弗拉基米爾在位統治	世界 唐太宗統一中國（979）
988	弗拉基米爾將基督教定為國教	世界 卡佩王朝開始（987）
1019	弗拉基米爾的兒子雅羅斯拉夫成為基輔大公	日本 藤原道長開始攝政（1016）

1113	弗拉基米爾・莫諾馬赫成為基輔大公	世界 第一次十字軍東征（1096）
1237	開始受到「韃靼桎梏」束縛	日本 制定御成敗式目（1232）
1240	亞歷山大・涅夫斯基擊敗瑞典軍	世界 欽察汗國成立（1243）
1380	庫里科沃之戰	世界 明朝建國（1368）
1462	伊凡三世成為莫斯科大公	世界 拜占庭帝國滅亡（1453）
1480	「韃靼桎梏」結束	日本 加賀一向一揆（1488）
1533	伊凡三世的孫子伊凡四世（雷帝）三歲即位	世界 印加帝國滅亡（1533）
1547	伊凡四世加冕成為沙皇	日本 鐵砲傳入（1543）
1598	留里克王朝絕嗣	世界 法國頒布南特詔書（1598）
1613	米哈伊爾・羅曼諾夫成為沙皇（羅曼諾夫王朝成立）	日本 大坂夏之陣（1615）
1649	頒布會議法典	世界 三十年戰爭結束（1648）
1654	在十三年戰爭與波蘭交戰	日本 慶安之變（1651）
1670	斯捷潘・拉辛起義	世界 清朝康熙皇帝登基（1661）
1689	彼得一世成為唯一的沙皇	世界 遺產戰爭（1667～1668）
1697	派遣使節團訪問西歐	世界 第二次百年戰爭開始（1689）

年代	俄羅斯大事紀	世界與日本大事紀
1700	與瑞典爆發大北方戰爭	世界 普魯士王國成立（1701）
1703	建設聖彼得堡，從莫斯科遷都	世界 西班牙王位繼承戰爭（1701～1713）
1709	在波爾塔瓦會戰打敗瑞典	日本 赤穗事件（1702）
1721	彼得成為俄羅斯帝國的皇帝	世界 烏得勒支和約（1713）
1725	彼得一世去世，葉卡捷琳娜一世即位	日本 德川吉宗設置目安箱（1721）
1757	參加七年戰爭	世界 奧地利王位繼承戰爭（1740～1748）
1762	葉卡捷琳娜二世即位	世界 工業革命開始（1760左右）
1768	俄土戰爭（第一次）爆發	日本 明和事件（1767）
1772	第一次瓜分波蘭	世界 波士頓茶葉事件（1773）
1773	普加喬夫起義	世界 法國大革命（1789）
1796	葉卡捷琳娜二世去世，保羅一世即位	日本 蝦夷納入幕府直轄地（1799）
1801	保羅一世遇害，亞歷山大一世即位	世界 亞眠和約（1802）
1805	加入第三次反法同盟，奧斯特利茨三皇會戰	日本 拿破崙登基成為皇帝（1804）
1812	拿破崙占領莫斯科	世界 神聖羅馬帝國滅亡（1806）

1816	救國同盟發跡	世界 維也納體制成立（1815）
1825	十二月黨人起義	日本 天保大饑荒（1832）
1837	俄羅斯第一條鐵路開通	世界 清朝發生太平天國之亂（1851）
1853	克里米亞戰爭爆發	日本 培里來航浦賀（1853）
1855	尼古拉一世去世，亞歷山大二世即位	日本 日俄和親通好條約（1855）
1861	農奴解放令	世界 美國南北戰爭（1861～1865）
1873	與德國、奧地利組成三帝同盟	世界 近代德意志帝國成立（1870）
1875	庫頁島千島交換條約	世界 江華島事件（1875）
1881	亞歷山大三世即位	日本 西南戰爭（1877）
1891	俄羅斯皇太子尼古拉訪日，大津事件	日本 頒布大日本帝國憲法（1889）
1894	法俄同盟	日本 甲午戰爭（1894～1895）
1899	義和團運動	日本 英日同盟（1902）
1904	日俄戰爭爆發	世界 英法協約（1904）
1905	「血腥星期日」事件，簽訂樸茨茅斯條約	世界 挪威獨立（1905）
1906	俄羅斯召開第一屆杜馬（國會）	日本 鐵路國有化（1906）

年代	俄羅斯大事紀	世界與日本大事紀
1907	與英國、法國成立三國協約	日本 併吞朝鮮（1910）
1917	俄羅斯二月革命、十月革命	世界 辛亥革命（1911）
1918	俄羅斯蘇維埃聯邦社會主義共和國成立	世界 第一次世界大戰（1914～1918）
1919	組成第三國際	日本 美日出兵西伯利亞（1918）
1920	波蘇戰爭	世界 巴黎和會（1919）
1921	開始新經濟政策（NEP）	世界 國際聯盟成立（1920）
1922	史達林就任為共產黨中央委員會總書記	世界 華盛頓會議（1921～1922）
1925	簽訂日蘇基本條約	日本 英日同盟失效（1921）
1927	與英國、中國斷交	世界 蔣介石開始北伐（1926）
1928	第一次五年計畫	世界 非戰公約（1928）
1936	頒布史達林憲法	世界 經濟大蕭條（1929）
1941	參與偉大的衛國戰爭（第二次世界大戰）	日本 二二六事件（1936）
1944	史達林與邱吉爾簽訂祕密協定	世界 第二次世界大戰（1939～1945）
1945	雅爾達會議	世界 登陸諾曼第（1944）

1947	共產黨和工人黨情報局成立	日本 頒布日本國憲法（1946）
1953	史達林去世，赫魯雪夫就任為共產黨總書記	世界 韓戰（1950～1953）
1963	與美國、英國簽訂部分禁止核試驗條約	世界 古巴飛彈危機（1962）
1964	布里茲涅夫就任為共產黨總書記	日本 東京奧運（1964）
1968	發表「布里茲涅夫主義」	世界 布拉格之春（1968）
1979	蘇聯軍出兵阿富汗	世界 兩伊戰爭（1980～1988）
1985	戈巴契夫就任為總書記	世界 廣場協議（1985）
1986	車諾比核電廠事故，正式實行經濟改革	日本 年號從昭和改為平成（1989）
1990	俄羅斯蘇維埃聯邦社會主義共和國更名為俄羅斯共和國	世界 東西德統一（1990）
1991	葉爾辛當選總統，改名俄羅斯聯邦	世界 波斯灣戰爭（1991）
1999	葉爾辛卸任，普丁擔任臨時代理總統	世界 香港回歸中國（1999）
2000	普丁當選總統	世界 美國發生多起恐怖攻擊（2001）
2008	梅德韋德夫當選總統	世界 雷曼兄弟破產（2008）
2013	烏克蘭危機	世界 英國決定脫離歐盟（2016）
2018	普丁再度當選總統	世界 新型冠狀病毒全球大流行（2020）

参考文献

『ロシア世界 その歴史と文化』國本哲男・奥村剋三・小野堅（世界思想社）
『ロシア 闇と魂の国家』亀山郁夫・佐藤優（文春新書）
『ソ連 誤解をとく23の視角』袴田茂樹（中公新書）
『ロシア史を読む』マルク・ラエフ著／石井規衛訳（名古屋大学出版会）
『ナポレオンからスターリンへ 現代史エッセイ集』E.H.カー著／鈴木博信訳（岩波現代選書）
『現代史の中で考える』高坂正堯（新潮選書）
『世界史大系 ロシア史〈1〉〈2〉〈3〉』田中陽兒・倉持俊一・和田春樹（山川出版社）
『世界各国史 ロシア史』和田春樹編（山川出版社）
『世界宗教史叢書 キリスト教史 Ⅲ』森安達也（山川出版社）
『最新アトラス データで見るロシア ＣＩＳ』外務省ロシア・ＣＩＳ問題研究会編著（ダイヤモンド社）
『世界各国史 ポーランド・ウクライナ・バルト史』伊東孝之・井内敏夫・中井和夫編（山川出版社）
『ロシア 地図で読む世界の歴史』ジョン・チャノン、ロバート・ハドソン著／桃井緑美子訳（河出書房新社）
『中世ロシアの政治と心性』A.A.ゴルスキー著／宮野裕訳（刀水書房）
『ツァーリと大衆 近代ロシアの読書の社会史』 由樹子（東京大学出版会）
『ロシア王朝物語』あまおかけい（言視舎）
『ロシア・ロマノフ王朝の大地』土肥恒之（講談社学術文庫）
『読んで旅する世界の歴史と文化 ロシア』原卓也監修（新潮社）
『毛皮と人間の歴史』西村三郎（紀伊國屋書店）
『新版 ロシアを知る事典』（平凡社）
『図説 ロシアの歴史』栗生沢猛夫（河出書房新社）
『図説 ソ連の歴史』下斗米伸夫（河出書房新社）
『民族とネイション ナショナリズムという難問』塩川伸明（岩波新書）
『ユーラシア胎動 ロシア・中国・中央アジア』堀江規雄（岩波新書）
『コーカサス 国際関係の十字路』廣瀬陽子（集英社新書）
『物語 ウクライナの歴史』黒川祐次（中公新書）
『物語 ポーランドの歴史』渡辺克義（中公新書）
『物語 チェコの歴史』薩摩秀登（中公新書）
『アフガニスタン 動乱の現代史』渡辺光一（岩波新書）
『レーニン 革命家の形成とその実践』河合秀和（中公新書）
『クレムリン 権力のドラマ レーニンからゴルバチョフへ』木村明生（朝日選書）
『スターリンからブレジネフまで ソヴェト現代史』アレク・ノーヴ著／和田春樹・中井和夫訳（刀水書房）
『ペレストロイカを読む　再生を求めるソ連社会』和田春樹編（御茶の水書房）
『プーチンとＧ８の終焉』佐藤親賢（岩波新書）

［作者］
関真興
1944年出生於日本三重縣，東京大學文學部畢業，曾擔任駿台補習班世界史科講師，現為專職作家。著有《極簡德國史》、《極簡美國史》（皆楓樹林出版）、《貨幣改變文明：掌握貨幣就能掌控世界》（智富）、《史學專家的世界史筆記：畫對重點就能輕鬆了解世界史》（台灣東販）等多本著作。

編輯・構成／造事務所
設計／井上祥邦
插畫／ suwakaho
版型／原田弘和
協力／奈落一騎、河野桃子

極簡俄羅斯史

出　　版／楓樹林出版事業有限公司
地　　址／新北市板橋區信義路163巷3號10樓
郵政劃撥／19907596 楓書坊文化出版社
網　　址／www.maplebook.com.tw
電　　話／02-2957-6096
傳　　真／02-2957-6435
作　　者／関真興
翻　　譯／陳聖怡
責任編輯／江婉瑄
內文排版／楊亞容
港澳經銷／泛華發行代理有限公司
定　　價／350元
出版日期／2022年2月

國家圖書館出版品預行編目資料

極簡俄羅斯史 / 関真興作 ; 陳聖怡翻譯. -- 初版. -- 新北市 : 楓樹林出版事業有限公司, 2022.02 面 ;　公分

ISBN 978-986-5572-91-4（平裝）

1. 俄國史

748.1　　110020916